Lyrisch geplaudert

Mein buntes Leben

ISBN Softcover: 978-3-7597-2920-0

Verlag: BoD • Books on Demand GmbH, In de Tarpen 42, 22848
Norderstedt

Druck: Libri Plureos GmbH, Friedensallee 273, 22763 Hamburg

DER TAG

SCHON WACH

Aufgewacht, die Augen auf –

vom Fenster strömt das helle Licht

bis an mein Bett, das stört mich nicht.

Ein Blick auf meine Uhr – ist fünf noch nicht.

Zieh meine Decke höher noch

und lass für neue, frische Luft

mir noch ein kleines Loch.

-

Das Hörbuch wieder angestellt -

ich hab noch Zeit.

Mach meine Augen wieder zu,

das eine Ohr zum Hören wird befreit.

Bin ganz entspannt –

und Geist und Körper sagt:

Ist doch noch Schlafens-Zeit - - -

12.5.2024

BIN NOCH NICHT DA

Ich sitze nur so für mich hin,

will einmal richtig Pause machen,

hab nichts Bestimmtes heut im Sinn,

vielleicht mal über etwas lachen

was mir begegnet ganz spontan,

und neue Freude mir bereitet,

die Zeit dafür ich nehmen kann,

wenn Wichtiges mich nicht begleitet.

Schau aus dem Fenster in das Grüne,

das leise sich bewegt im Wind,

seh einen schwarzen Vogel fliegen,

denn in der Nähe Nester sind,

wo kleine Krähen hungrig warten

auf Leckerbissen von Mama,

die Amsel singt in hohen Tönen

und ich bin in dem neuen Tag

jetzt wieder mit Erwartung DA.

18.5.2024

WANDERSCHAFT

War heut Nacht mal nicht spazieren –

um drei Ecken hin zum Klo,

aufgewacht, da war es sechs schon,

musst dann los, gleich sowieso,

ließ den Quell genüsslich laufen,

ausgeschlafen und noch warm,

stieg dann wieder in mein Bett rein,

mit der Decke in dem Arm,

stellte mir dann noch das Hörbuch

für ne Stunde nochmal an,

und im Kuscheln hört ich weiter,

von, wohin ich abends kam.

26.4.2024

MORGENSTUNDE

Aufgewacht und helles Fenster,

Sonne hält sich noch bedeckt,

ist auch gut, ich mag es gar nicht,

wenn sie mir ins Auge leckt.

-

Will ganz sacht den Morgen grüßen,

brauche Traumzeit noch für mich,

dösend noch im Bett besinnen,

Traum entschwindet flüchtiglich.

-

Decke runter, Beine schwingen

aus dem Bett, schau auf die Uhr,

still ist noch der frühe Morgen

mach jetzt keine Morgen-Tour.

-

Knie beugen, Hüfte schwingen,

schenk mir noch nen Kaffee ein,

Wachsein kann dann gut gelingen,

dieser Tag, der ist jetzt mein.

.

30.3.2024

SPIEGEL-SCHÖN

Abendrot in Fensterscheiben

und die Wand strahlt auch noch mit,

kann im Westen doch nichts sehen,

denn verstellt ist dort der Blick.

Ahorn, Birken, große Häuser

lassen nicht das Leuchten sehn,

in den Fenstern gegenüber -

Abendrot ist wunderschön.

5.5.2024

NACHTGERÄUSCHE

Es rieselt, rauscht und tropft ganz leis,

es wispert vor dem offnen Fenster,

fährt da ein Fahrrad grad vorbei,

sind es vielleicht auch Nacht-Gespenster?

Es bleibt vor Ort, und fährt nicht weiter,

ein Fahrrad ist es doch wohl nicht –

an Geister glaub ich nicht so recht,

auch wenn es noch so flüsternd spricht.

-

Wälz aus der Decke mich hinaus,

schon etwas mühsam ist die Chose,

doch schaff ich´s noch, auch wenn es zwickt,

das T-Shirt hängt am Bauch ganz lose.

Da draußen strömt es nass herab,

es plitscht und platscht auf blanke Blätter,

und Blasen platzen auf der Pfütze:

Ich seh´s: - heut Nacht ist Regenwetter.

2.7.2024

DER FRÜHE VOGEL

Singe ich am frühen Morgen,

holt mich doch nicht gleich die Katz,

denn die Katze schläft ja noch,

und ich bin auch gar kein Spatz.

Steht man auf mit guter Laune,

trägt es leichter durch den Tag,

Redensart stimmt auch nicht immer:

Singe nur, wer singen mag.

7.7.2024

DAS JAHR

HUHU-FRÜHLING

Geh ich draußen meine Wege,

seh nur immer gradeaus,

kahle Bäume, kahle Sträucher,

alles sieht nach Winter aus.

Regentropfen an den Zweigen,

Nebeldunst sperrt mir die Sicht,

ist der Frühling angekommen? –

Ich seh das noch leider nicht.

–

Doch schau ich vor meinen Füßen –

unterm Busch, da sprießt es raus,

ein Gewusel ein Gewimmel,

Glöckchen kommen schon heraus.

-

Krokusse noch dünn und spärlich,

aber Massen sind dort schon,

und die hübschen Winterlinge

leuchten Gelb mit ihrer Kron.

\-

Lass den Blick mir jetzt verweilen,

schau nach unten ins Gebüsch,

Frühling läßt die Kräfte eilen,

überall wird's bunt und frisch.

25.2.2024

FRÜHLINGS-ERWACHEN

Wenn die Natur in grau versinkt,

wie schön, wenn uns ein Glöckchen winkt.

So weiß wie Schnee kommt es uns dann,

es wird wohl Frühling - irgendwann.

-

Der Februar ist noch nicht alt,

und im Gesicht ist Nebel kalt,

die Sicht getrübt, doch nicht der Sinn,

im Nebel liegt Verheißung drin.

-

Denn Feuchtigkeit, so mild und fein

dringt in die kalte Erde ein,

dort warten Blumen noch im Traum,

die ersten sehen wir dann kaum.

-

So braun ist noch des Herbstes Laub,

zerfällt allmählich schon zu Staub,

die Glöckchen sprießen draus hervor

und läuten unhörbar im Chor.

\-

Sie locken Winterlinge raus

und Krokus blüht um unser Haus

grünt dann die Birke noch im Wind,

im Lenz wir angekommen sind.

\-

Dann blühen Raps und Löwenzahn,

es leuchtet wie der helle Wahn,

man schaut und schaut, die Sicht ist frei –

wir sind im holden Monat Mai.

14.4.2024

NOCH FEBRUAR

Ich weiß, es ist erst Februar

und neu ist noch das Neue Jahr,

der Winter tut sich jedoch schwer,

kriegt seine Kälte nicht hierher,

und unterwegs schmilzt ihm der Schnee,

legt Matsch auf Wege, wie ich seh.

-

Das Himmelblau versteckt sich meist,

weil Wolkenberge ziehn hier dreist,

sperrt Sonnenschein für Tage weg,

geh, Winter, fort mit Matsch und Dreck.

-

Der Nebel ist nicht mehr mein Ding,

wenn er sich viel zu lange hält,

„Komm, lieber Mai" – ich jetzt mal sing,

dann ist der Frühling einbestellt.

-

Mir steht der Sinn nach Löwenzahn,

nach Veilchen und dem blauen Flieder,

ach, lieber Mai, nun komm doch bald,

ich singe es doch immer wieder.

Kannst, Winter, DOCH nicht Winter sein,

dann lass doch jetzt den Frühling rein.

28.2.2024

Kommt er noch?

Die graue Zeit im frühen Jahr,

ist Winter nicht und Herbst nicht mehr,

das bunte Laub ist nicht mehr da,

und Schnee? – Der Winter tat sich schwer.

Frau Holle schaut zum Fenster raus,

wo mag der Meister Frost nur sein,

sie schüttelt ihre Betten aus,

doch will es immer noch nicht schnei´n.

-

Frau Holle liebt die weiße Pracht

und wenn die Kinder sich so freun,

bejubelt sie die Schneeballschlacht,

verstehts, wenn Leute Wege streun.

Auf Erden ist sie nicht zu Haus,

wohnt oben in dem Wolkenland,

dass glatte Wege nicht so gut,

hat sie von oben doch erkannt.

-

Doch fehlt das Weiße ihr so sehr,

wenn einmal doch der Winter streikt,

dann holt sie Weiß- und Schwarzdorn her

aus ihrem Frühlings-Blütenreich.

Sie streut die Blüten übers Land,

dass weiß es leuchtet in dem Dorn,

und wie mit lauter Schnee bedeckt

hat Frühling doch die Nase vorn.

-

Zufrieden ist Frau Holle nun,

sie lässt ihr Fenster offen stehn,

denn mit dem lauen Märzenwind

ihr Düfte um die Nase wehn.

Nimmt noch ihr Frühstück mit ins Bett,

Kakao hat sie sich auch gemacht,

rückt sich das Häubchen noch zurecht,

und sagt dann erstmal: Gute Nacht.

29.2.2024

NASSE ERDE

Im Märzen der Bauer schwimmt weg auf dem Feld,

der Regen hat dort so viel Wasser bestellt,

fährt er mit dem Trecker zur Probe mal rauf,

zu kurz seine Stiefel, "oh hilf, ich versauf!"

-

Im Herzen der Bauer hat er seine Kuh,

sein Schwein und die Hühner, die Felder dazu.

Der Trecker muss laufen, die Scheune muss neu,

im Herbst muss er trennen das Korn von der Spreu.

-

Die Scherze der Bauern sind längst schon verstummt,

Verordnungen, Kosten - das unverschämt brummt,

er plagt sich, er rechnet und nichts geht mehr auf,

und mit seinem Fleiß zahlt am Ende er drauf.

-

Es klagt heut der Bauer: „Mein Leben ist schwer,

so wie es mal war, ist es einfach nicht mehr,

der Massenbetrieb trägt sich nicht von allein,

im Dorf gehn die Bauern so nach und nach ein.

3.3.2024

WINTER ADÉ

Oh Frühling, Frühling, bist nicht zart,

doch immer wieder so apart,

bringst das Erwachen der Natur,

da sprießt es raus in Feld und Flur.

So vehement bringst du uns Segen

mit bunter Pracht an allen Wegen.

Aus brauner Erde quillt hervor,

was aus den Augen man verlor.

-

Noch lauert Winter hinterm Haus:

„Wann endlich kommt das Veilchen raus,

ich warte mit dem letzten Schnee,

dann sagt der Winter euch adé.

Noch einmal will ich´s Veilchen sehn,

im weißen Schnee so blau und schön,

lass dann den Frühling zu euch rein,

ich weiß, er wird willkommen sein.

24.2.2024

Es quillt hervor

Gelbe Sterne, dicht bei dicht,

leuchtend wie das Sonnenlicht

sprießen jetzt in allen Ecken,

hinter Zäunen und in Hecken,

Frühlings-Boten im April,

Forsythien bringen Lenz-Gefühl.

-

Blaue Veilchen unterm Strauch,

Frühlings-Boten sind sie auch,

Schneeglöckchen sind schon verblüht,

Winter jetzt sein Ende sieht,

Schlehdorn zeigt in hellem Weiß

Blütenpracht im Frühlings-Kreis.

2.4.2024

OSTER-TREIBEN

Häschen sitzt nicht in der Grube,

Häschen hoppelt übers Feld,

denn es haben viele Menschen

bunte Eier sich bestellt.

Doch der Has legt keine Eier,

auch nicht bunte, wie ich weiß,

doch der Hase soll sie bringen

Oster-Morgen (so ein Sch...ß).

-

Doch er weiß, wo Hühner wohnen,

hat die Eier vorbestellt,

Hasen sind für Hühner Kunden,

teilen Ostern ihre Welt.

Tragen ihre Eierkörbe

auf dem Rücken, wie man sieht

so genau auf manchem Glansbild,

wie er durch die Lande zieht.

Und die Farbe für die Eier?

Wenn ihr wollt, dass ihr es seht:

Zieht der Hase diese Eier

einfach durch das Blumenbeet.

Hyazinthen und Forsythien,

Osterglocken, grünes Gras,

rote, gelbe, blaue Tulpen,

ach – da hat der Hase Spaß.

-

Aber: Ab dann, durch die Mitte,

jetzt wird´s eilig mit der Zeit,

muss sie alle noch verstecken

in der Oster-Welt so weit.

Wird es hell am Oster-Morgen,

muss der Mümmel fertig sein,

wer die Eier Nachts versteckt hat,

weiß der Mümmelmann allein.

23.3.2024

ANDERE LÄNDER-ANDERE BRÄUCHE

Osterfest in Kopenhagen

Kindergarten, Bastelzeit,

als Eleve sollt ich zeigen,

welch Idee halt ich bereit.

Vor-gezeichnet Osterhasen,

wie er malt die Eier bunt,

Ratlos waren die Gesichter,

WAS macht HASE in dem Rund????

-

„Na, der Hase bringt die Eier!!!!"

„HASE?? – Was soll DER dabei,"

Schwierig war es, zu erklären,

so es aber nun mal SEI !?!

Ist doch immer jeden Ostern,

das weiß doch ein jedes Kind,

dass sie mich grad nicht verstehen,

so verwirrt wir alle sind.

„Hase legt doch keine Eier,

wieso weißt du das denn nicht"?

Ist doch nur der Brauch zu Ostern,

wieso wissen DIE das nicht!

Kennen nur die Oster-Hühner,

Osterlämmer gibt es auch,

Andre Länder, andre Sitten,

und auch mal ein andrer Brauch.

28.3.2024

WER ES GLAUBT

Ach Hase, lieber Hase du,

schenk mir ein Osterei,

ich seh, du hast so viele noch,

dann hätt ich gern auch zwei.

Dein Körbchen ist doch gar zu voll,

ich nehm dir welche ab,

die bring ich meinen Kindern mit

die lachen sich dann schlapp.

-

Denn ich erzähl den Kindern dann:

Ein Hase gab sie mir,

er hat sie grade selbst gelegt,

so bunt und auch so schier.

Hat schöne Blumen erst verspeist,

die färbten Eier bunt,

die Kinder lachen mich dann aus,

„Du bist wohl nicht gesund?"

30.3.2024

IST EIN APRILSCHERZ !!

Es streiten sich die Uhren rum,

mit Funk sie finden das so dumm,

die Zeit kann man nicht zwingen - NEIN –

nun lasst doch diesen Blödsinn sein.

Den Analogen ist´s egal,

sie gehen wie sie gehen mal,

sind eine Stunde hinterher,

die Funkuhr findet das nicht fair.

Will sie die Stunde dann zurück,

im halben Jahr hat sie erst Glück.

2.4.2024

BLÜTEN-SCHNEE

Es schneit, es schneit

seht es euch an,

wie zarte Federn

leicht verstreut,

die weißen Flocken

liegen da

und schmücken

unsern Rasen heut.

-

Doch Frühling ist´s,

und schon April,

und Blumen blühn

am Wegesrand,

ich seh mir diesen

Schnee dann mal

so aus der Nähe

einmal an.

Es weht ein Wind,

der bläst hinein

in diesen Blüten-

Kirschen-Strauch,

und durch die Luft

es wirbeln frei

die Blüten-Blätter

in dem Hauch -

-

und legen sachte

sich ins Gras

als weiße Flocken

in dem Grün,

so duftig und so

frühlingshaft -

von Ferne auch

als Schnee zu sehn.

20.4.2024

WAS GEHT AB

April, April, kann man ihm trauen,

zeigt er sich sonnig in der Früh,

bleibt Schirm zu Haus, muss Schirm mal mit,

ob ja, ob nein, das weiß man nie!

-

Bericht vom Wetter kann auch täuschen,

denn oft genug dreht sich der Wind,

und Wolken, die da kommen sollten,

woanders sie gestrandet sind.

-

Doch irgendwie schafft es der Petrus

zu sehen, wo ich grade bin, -

der Schirm hängt brav in der Gard´robe,

der Regen-Schauer mich dann find´.

-

Drum hab ich lieber meinen Schirm

in meiner Tasche, so ist das,

seit morgens schien so schön die Sonne,

und später ward ich pudelnass.

4.4.2024

MAI-REGEN

Ein stilles Rauschen

dringt zu mir herein,

das Fenster steht offen,

es strömt ein Duft

von Flieder, und von

blühendem Raps.

Der Mai-Regen ist es

der mich leise ruft.

-

Kein Wind lässt den Regen

verwehn in dem Fall,

er rieselt vom Himmel

so mild und so weich.

Er küsst Gänseblümchen

und nässt jedes Blatt

und schmeichelt mein Ohr

mit dem wispernden Schall.

6.5.2024

AMSEL-LIED

Es graut der Morgen vor sich hin,

denk doch, wir sind im Sommer drin,

denn grün ist alles um uns her,

nen Schneemann bauen, wär gar schwer,

die Kirschen-Blüte ist vorbei,

wir sind nicht mehr im Monat Mai.

Um drei wird schon die Amsel wach,

für manchen ist es einfach Krach –

doch ich genieße die Musik

in jedem wachen Augenblick.

27.6.2024

MAI-APRIL

Alles neu macht der Mai,

Sonne zeigt ihr Konterfei,

blitzt durch Blätterzweige rein,

zeigt: es gibt noch Sonnenschein.

Mai erstrahlt in ganzer Pracht,

grad, als wär´s für uns gemacht.

-

Kaum gedacht, da kommt herbei

Wolkenwand, sie ist so frei,

Wind frischt auf, die Sonne flieht,

Dusche rasch vorüberzieht,

alles nass, was draußen war,

Himmel ist gleich wieder klar.

-

Von den Blättern tropft es noch,

Sonne findet Wolkenloch,

frisch gewaschen blinzelt sie,

läßt´s noch tröpfeln irgendwie.

Wolkenwand ist schon ganz weit -

Auch SO ist die Maienzeit.

7.5.2024

ER IST DA

Sommer, komm mal in die Puschen,

hab genug von all den Duschen,

Regenschirm weicht mir schon auf

bei dem stet´gen Wasser-Lauf.

Morgens früh scheint noch die Sonne,

schau durch´s Fenster: Welche Wonne,

blauer Himmel, Sonne hell

anziehn, Kinder, aber schnell,

Freibad winkt mit Sonne satt,

jeder schnappt jetzt mal sein Rad.

-

Gut gefrühstückt geht es los,

Laune steigert sich famos,

Sonne scheint, ein kleiner Wind

kühlt Gemüt bei Frau und Kind,

Hund sitzt vorn im Körbchen drin,

Auslauf er im Freibad find´t,

Hunde sind da auch erlaubt,

niemand ihm die Freiheit raubt.

Hinten schon das Wasser lockt –!

Und jetzt wird der Tag gerockt.

21.6.2024

STILL RUHT DER SEE

Spiegelblank ist diese Fläche,

starr vor mir liegt heut der See.

Felsenfest und unzerbrechlich -

was geschieht, wenn ich drauf geh?

Keine Welle rührt das Wasser

und kein Kräuseln ist zu sehn,

jetzt im Sommer - Eis-gefroren?

Bin versucht, mal drauf zu gehn.

-

Fantasie lenkt meine Füße,

Denken stellt nicht gleich sich ein,

eh mein Kopf sich eingeschaltet

bin ich auf dem See - - schon rein!!

Bin NICHT drauf, nass bis zur Hüfte,

dürfte nicht viel tiefer sein.

Stilles Wasser macht AUCH nasser,

lasst EUCH lieber NICHT drauf ein.

3.7.2024

AM STRAND

Ein Mensch, von Sonne rot verbrannt

fühlt in den Schatten sich verbannt,

genießt dort einmal milde Kühle,

die lindernd wirkt auf Schmerz-Gefühle.

Doch jetzt ihm friert, weil Sonne weg,

- hat eine Bluse im Gepäck.

Die zieht er an, verhüllt den Rücken,

ein Buch würd ihn jetzt gut beglücken.

Daheim hat er noch dran gedacht,

doch dort am Strand man andres macht.

Wird nass dann auch das Buch dabei

ist es ihm nicht grad einerlei,

so hat er es zu Haus gelassen,

will er jetzt lesen - muss er passen.

14.5.2024

ERINNERUNGEN

INS LEBEN

Im Unbewussten schlummert es,

der erste Eindruck unsres Lebens,

BEWUSST sind wir noch nicht vernetzt,

Erinnerung gräbt da vergebens.

Doch das Empfinden lebt wohl schon,

gespeichert wirds im Bauchgefühl,

im „Jahr und Zeit" lebt es versteckt,

und nichts verrät das Lebensziel.

-

Doch waren Leute noch dabei,

die konnten dir danach berichten,

wie war denn wohl dein erster Schrei,

da musst du nicht im Freien dichten.

-

Die Mutter wusst es noch genau

konnt` Vieles dir auch noch erzählen

die große Schwester war so frei,

ein Teil des Wissens sich zu stehlen.

-

Denn nebenan war Hausgeburt,

nur eine dünne Tür dazwischen,

mit sieben Jahren will man es

doch alles ganz genau nur WISSEN.

Zum Klo darf man doch immer geh´n,

drum muss man jetzt da GLEICH hindurch,

und stiehlt sich zum „Was ist geschehn!"

mit Neugier stärker als die Furcht.

9.5.2024

ZWEI HÄNDE VOLL PÜPPIE

Holladihi, jetzt bin ich da,

sagte ich der Frau Mama,

viel schreien kann ich doch noch nicht,

hab nicht so viel grad an Gewicht,

und dann noch diese Nabelschnur,

schnürt mir die Kehle in der Tour,

die an das Licht mich bringen sollt,

war einfach so, doch nicht gewollt. –

Ein leichtes Schütteln reicht da schon,

nen Piepser bringe ich als Lohn.

Und JETZT, nun wickelt mich schön ein,

ich bin zu klein, kann noch nicht schrein.

-

Es blüht und sprießt um mich herum,

Natur erwacht , um mich zu grüßen,

mit Haselkätzchen vorm Gesicht

und erstes Veilchen mir zu Füßen.

12.3.2024

ERSTE ERINNERUNG

Ein kleines Bett mir Bretter-Wänden

Die Mamma schläft gleich nebendran,

ein Püppchen klein aus einem Laken,

mit Kopf und Körper – ein Gespann.

die Zipfelmütze bunt mit Blümchen

und alles ist ganz prall gefüllt

mit grauer Wolle, die ich seh,

wenn Püppchen dann:

Kaputt-gespielt.

-

Zu Weihnacht kommt

das Püppchen wieder –

mit Flicken auf den Bauch genäht,

mein liebes Püppchen, hab dich wieder,

für Liebe ist es – nie zu spät.

9.7.2024

MISSGESCHICK-ZUVIEL GEWAGT

Meine große Schwester Rosi

wollte Vieles, und zwar gleich,

nachzudenken? Viel zu lange,

Wirklichkeit spielt einen Streich.

Nur mal sehn, kann man es machen?

Blumen gießen einfach so,

kann Gardine hängen bleiben?

Lochmuster paßt irgendwo.

-

Mit der Tülle von der Kanne

zielt das Wasser in den Topf,

doch Gardinen-Brett liegt lose,

kracht der Rosi auf den Kopf. —

Aua weh, das kenn ich auch noch,

wenn man unbedacht mal zieht,

rutscht die Stange von dem Halter,

und die Chose auf dir liegt.

Und das mit der Kaffee-Mühle

neu, elektrisch, mühelos.

Halte fest den kleinen Deckel,

eingerastet ist es bloß.

„Soll ich einmal es probieren,

ob der Deckel SO auch hält?

Ist doch richtig eingerastet,

ausprobieren einmal zählt!"

-

Und die Augen blitzen Sterne,

„Soll ich? Soll ich? Was meinst du?"

Ich schau zweifelnd aus der Wäsche –

Sie probiert es aus im Nu. –

Mühle rattert, Deckel fliegt –

Kaffee-Bohnen alle mit –

weit verstreut im ganzen Zimmer

Sammeln macht uns morgenfit.

-

Unter Betten unter Schränke,

überall kommt man nicht ran,

Mutter schüttelt´s Lockenköpfchen,

selber macht sie Kaffee dann.

Umgezogen nach drei Jahren,

immer noch war´n Bohnen da,

in den Winkeln, in den Ritzen

man noch Kaffee-Bohnen sah.

13.3.2024

SECHS JAHRE

Zöpfe mit den Käfer-Spangen

klopfen Takt auf meinem Rücken,

rot und glänzend in der Sonne,

mir besonderes Entzücken,

weiß den Weg bis hin zur Schule,

geh den Weg auch ganz allein,

kann bald selber richtig lesen,

endlich darf ich Schulkind sein.

-

Schiefer-Tafel, Lesebuch

Und ein Heft mit Zahlen drin,

Finger helfen mir beim Rechnen,

Zählen macht für mich auch Sinn.

In der Schule hab ich Freunde

Pausen sind zum Spielen da,

und schimpft dann auch mal der Lehrer

sag ich es nicht der Mama.

15.7.2024

LOS GEHT´S

Schönes Wetter, liebe Leute

Sagt, was meint ihr denn dazu,

auf zum Eimersee geht's heute,

und der Gruppen-Raum bleibt zu.

Rucksack mit den Frühstücks-Broten,

Flasche Wasser noch dabei,

nehmen alles wir noch mit,

sind den ganzen Tag dort frei.

-

Durch die Garten-Kolonien

können wir schon vieles sehn,

Blumen, Vögel, nette Leute

bleiben mal zum Schwatzen stehn.

„Wo geht's hin," sie fragen Lachend,

„so vergnügte Kinderschar

sehen wir nicht alle Tage,

das ist schon mal sonnenklar."

„„ Hallo Leute, Guten Morgen!"

Einmal Winken hin und her,

halbe Stunde noch zu gehen,

doch trainiert ist das nicht schwer.

Dann kommt schon die kleine Brücke,

drunter fließt der Lachsenbach,

Abfluss gegen Überschwemmung

für den Eimersee gemacht.

-

Frühstücks-Rucksack, dicke Jacken

werden auf der Bank verstaut,

dreißig Kinder und drei Leute?

Da ist es auch erstmal laut.

In der Nähe wohnt ja niemand

der gestört wird von der Schar,

auf dem See schwimmt unbeteiligt

schnatternd nur ein Entenpaar.

-

„Von hier vorne, bis dort hinten,

weiter darf hier keiner gehn,"

wir vertrauen unsern Kindern

so weit, wie wir sie noch sehn.

Und sie rennen, hüpfen, schreien,

werfen Flieger aus Papier,

balancieren auf den Steinen

übers Lachsenbach-Revier.

-

Heimweg dauert etwas länger,

doch das wissen wir schon lang,

brauchen Zeit zum albern, trödeln,

dann wird auch nicht schwer der Gang.

Drei Erwachs´ne haben Hände,

ziehn die Kleinsten dann noch mit,

Ab und zu die Grossen warten –

Kleine sind nicht ganz so fit.

2.3.2024

LIEBLINGS-OPI

Wenn der Opi mit dem Enkel

gibt es Kurzweil und Geplänkel,

und der Flohmarkt steht bereit,

für die schönste Kinderzeit.

Denn der Opi liebt die Leute,

ob von Gestern oder Heute,

hat Humor und gute Worte,

auch für Menschen andrer Sorte,

schert sich nicht drum, was man denkt,

so ein Opi ist Geschenk.

29.6.2024

DURCH DEN WALD

Welch ein Leben auf der Straße,

doch kein Auto ist in Sicht,

Kinder sperren hier die Wege,

doch das stört die Leute nicht.

-

Mit den Rädern unterm Popo,

auch mal zwei auf einem Rad,

denn die Kleinen müssen mit,

wenn die Schwester Aufsicht hat.

-

Fahren wir einmal woanders,

bis zum Abend ist viel Zeit.

„Müssen" dann auch mal die Kleinen,

ist ein Abseits auch bereit.

-

Aus dem Dorf nur frisch geradelt,

Denkmal-Berg ist kurz und steil,

Tannenwald ist schon da vorne,

dieses duftend grüne Teil.

-

Kilometerlange Strecke -

dicht-gedrängt die Bäume stehn

sachte geht der Weg bergab,

hier zu rasen, das ist schön.

-

Immer schneller unter jauchzen

geht es runter bis zum Moor,

sonnbeschienen, Laute dämpfend

schaut es durch den Tann hervor.

-

Lüfte wabern über Gräser,

Elfentanz im Sonnenschein,

mit Libellenflügel schwirren

sie im bunten Ringelrein.

Stille sind jetzt alle Kinder,

Räder liegen rings herum,

Buchfink singt in seiner Weise

und die Kinder lauschen stumm.

-

Heimwärts geht es nicht so schnelle,

stetig sanft geht es bergauf,

Pausen lassen Stunden schwinden,

Sonne endet ihren Lauf.

8.3.2024

LESE-BAUM

Lass stehn den Baum, den alten Baum,

mein Freund aus meiner Kinder-Zeit.

So knorrig und so schief gewachsen -

ein Liegeplatz für kleine Leut.

Der Sonnenschirm aus dichtem Laub

war Sichtschutz auch um frei zu Lesen,

für Ivanhoe und Robin Hood

und so viel and´re sind´s gewesen.

-

Nur eigne Bücher durften mit,

nachdem ich „Heidi" mal vergessen.

Der Regen nahm den Einband mit,

das Wasser hat ihn aufgefressen.

Ein Leih-Buch war für drinnen nur,

die Lesebücher sowieso, -

war´n Bücher noch zum Tauschen gut

für´s nächste Jahr, dann war man froh.

16.4.2024

WELCHER SONG ?

Frag mich mal nach einem Song,

alles, was nach Elvis kam,

Beatles hab ich grad noch drauf,

und Gus Bachus kam auch an.

Dann Dave Dudley und Bruce Low,

Belafonte fand ich toll,

Hilde Knef und die Marlene

Wunderlich in dur und moll.

-

Danach war das Leben anders,

Musik nur so nebenbei,

Kinderlieder, Kinderspiele

Pippi Langstrumpf war so frei.

-

Doch zuvor vom Plattenteller

Schlager, Lieder und noch mehr,

für den Tanz in meiner Stube

kam der Plattenspieler her.

-

Was gefiel, ganz ohne Richtung,

von der Platte reingehört,

Frank Sinatra, und Bing Crosby

Alexandra hat betört.

Satchmo auch mit der Trompete,

Staub setzt Willie Schneider an,

Heimatlieder, neu gedichtet?

Das kam ganz bestimmt nicht dran.

-

Erster Schwarm, das war der Freddy,

Conny Francis, Heidi Brühl,

Conny Froboes und Rex Gildo,

ließen mich dann auch nicht kühl.

Von der Platte in die Ohren

kam so manches in der Zeit,

Der Kosakenchor war herrlich,

mit Oktaven weit und breit.

Liedertexte gab es damals

im Geschäft für Musik plus,

jeder Monat neues Heftchen,

so zum Singen mit Genuß,

Karaoke gab es damals

lang noch nicht, das ist wohl wahr,

aber singen wollt man trotzdem,

schön? – vielleicht – doch laut und klar.

11.3.2024

SECHS JAHRE

Zöpfe mit den Käfer-Spangen

klopfen Takt auf meinem Rücken,

rot und glänzend in der Sonne,

mir besonderes Entzücken,

weiß den Weg bis hin zur Schule,

geh den Weg auch ganz allein,

kann bald selber richtig lesen,

endlich darf ich Schulkind sein.

-

Schiefer-Tafel, Lesebuch

Und ein Heft mit Zahlen drin,

Finger helfen mir beim Rechnen,

Zählen macht für mich auch Sinn.

In der Schule hab ich Freunde

Pausen sind zum Spielen da,

und schimpft dann auch mal der Lehrer

sag ich es nicht der Mama.

15.7.2024

KIND-GEDANKEN

Aach, die armen Bauernkinder
taten mir doch so sehr leid,
als ich mit den Karten rumging,
Konfirmanden - war´n bereit.
Für das Bringen gab es Kuchen
von dem Festtagstisch geschenkt,
unterwegs war so viel Zeit mir, -
die Gedanken mir gelenkt.

-

Jeden Sonntag gab es Kuchen
bei den Bauern ganz gewiss,
habe es doch selbst gesehen,
„Kinder, reinkomm´, Kaffee ist.
Und ihr andern geht nach Hause,
da gibt es bestimmt auch was.“
Zwischen Mittag und dem Abend? -
Gab es ganz bestimmt NICHT was.

-

Zwischen Dorf und fernen Höfen
wurde mir die Zeit wohl lang.
„Oh wie leid tun mir die Kinder,
allzu oft ist KUCHEN dran.
Nicht bei uns, da ist´s BESONDERS,
Ostern und im Weihnachts-Haus,
da wir können recht GENIESSEN
diesen wunderbaren Schmaus.“

-

Doch an JEDEM Sonntag Kuchen,
da gewöhnt man sich doch dran,
ist doch gar nicht so besonders,
steht der große Festtag an.
Kuchen ist ja AUCH nur Kuchen
für die Kinder an DEM Tag. -
„Mir gefällt es so viel besser,
wenn ich mich - SO FREUEN MAG!!“
15.6.2024

DREI IN EINEM BOOT

Es schummert schon langsam,

wir sehen uns noch,

das Boot ist geliehen,

wir rudern gemeinsam.

Denn wir sind nur Mädels

und nicht starke Fischer,

das Noor ist umwachsen

mit Schilf und ist einsam.

-

Die Hutsche sitzt links

dann sitz ich wohl rechts

wir ziehen das Boot

in den Schilfkranz hinein,

es senken sich Fäden

von Nebel hernieder

ein Frosch springt

mit Klatschen

ins Wasser dort rein.

-

Vor uns in dem Heck,

da sitzt diese Tante,

die Schwester der Nachbarn

ist irgendwie schräg,

sie hat viel erlebt

will gerne erzählen,

erlebt von ihr selber

ganz ohne Beleg.

-

Es senkt sich der Abend

ganz leise hernieder,

im Nebel man sieht nicht

den Schilfgürtel mehr.

Die Lotta erzählt

von den Freimaurer-Bräuchen,

es plätschert am Boot und

es gruselt uns sehr.

Die raunende Stimme,

sie hält uns gefangen,

erzählt uns von Särgen

und Gruften bei Nacht.

Wie konnte sie das denn

bei Licht besehn wissen,

sie hat es als Frau doch

bestimmt ausgedacht.

-

Gelesen in Büchern,

erzählt es uns Mädchen

verbreitet ein Schauern

und findet es gut.

Muss selber ein Grauen

von Früher verwinden?

Wenn Flucht und Verfolgung

noch brodelt im Blut?

25.3.2024

ERINNERUNG LEBT

Kleines Haus, auch nur die Hälfte,

Platz wir hatten allemal,

Schwester, Bruder und ich selber,

Mamma noch – auf JEDEN Fall,

Bild vom Pappa an der Wand,

schaute uns von oben zu,

ward lebendig durch erzählen:

Lieber Pappa, wann KOMMST du.

-

Irgendwann sehn wir dich wieder,

anders kann es ja nicht sein,

aus dem fernen, fernen Russland -

EINMAL kommst auch DU doch heim.

Nächstes Jahr um diese Zeit, -

bist du bei uns – ganz bestimmt.

Andre Väter sind AUCH da,

NIEMAND uns den Pappa nimmt.

14.7.2024

FORTSCHRITT

Buckelpiste ist bebaut,

wo wir einst mit Schlitten rasten,

stehn jetzt Häuser, neu erbaut,

Fortschritt immer schnell will hasten.

Schlittenberg - Vergangenheit,

frag mich, wo die Kinder spielen,

was uns damals so gefreut,

wir vergebens danach schielen.

-

Durch die Zäune, über Felder,

fünf Minuten hin zum Wald,

freie Wiesen, offne Hecken -

waren an dem Strand schon bald.

Überall stehn heute Häuser

für Touristen aus der Stadt,

Hängeschlösser sperren Zugang,

wo man sonst gebadet hat.

Keine Kinder auf den Straßen,

wo wir spielten Völkerball,

niemand ruft: „Es kommt ein Auto!"

Dass es durch die Straßen schallt.

Einmal kurz beiseite gehen,

dann war die Gefahr vorbei,

und wir konnten weiterspielen,

NIEMALS wird es mehr so frei.

16.5.2024

KLASSEN-TREFFEN

In der lustig-bunten Runde

sitzen Leute so vergnügt,

man erzählt sich frohe Kunde,

wie es ein und anderm geht.

Hat sich lange nicht gesehen,

Neues gibt es darum Viel,

alle haben sich verändert

in dem Lebenslangen Spiel.

-

Haben Partner und auch Kinder,

Enkelkinder auch zugleich,

freie Zeit für eigne Dinge,

denn die Rente ist erreicht.

Für den einen ist´s das Reisen,

einmal andre Länder sehn,

für den andern neue Ziele,

will nochmal zur Schule gehn.

Und auch gibt es alte Menschen,

denen schwer das Leben ward,

wollen endlich einmal ruhen

nach verzehrter Arbeits-Kraft.

Wenn Gesundheit nicht mehr mitmacht,

Schicksal war nicht allzuleicht,

im Vertrauen einmal reden -

Im Verstehen Hand sich reicht.

-

Stiller werden die Gespräche,

das Erinnern war so schön,

doch Gemeinsamkeit war gestern,

Zeit will nicht mehr auferstehn.

Jeder hat sein eignes Dasein

mit der eignen Wirklichkeit.

Fremde sind die alten Freunde

aus vergangner Schülerzeit.

27.5.2024

WIR MÄDELS

Die Rosmarie war meine Schwester,

ging mit Rollator und mit Hunden,

bei guter Laune, eigne Meinung,

wollt immer noch die Welt erkunden,

warn alle Knochen auch kaputt,

sie biß sich durch mit so viel Mut,

die Rosi hatte viele Freunde,

zusammen ging es uns so gut.

-

Denn Rosie hatte viel Humor,

dann lachten wir im Spaßduett

kam er auch manchmal seltsam vor,

wir fanden es so menschlich nett.

Denn Quatsch mit Soße machte beiden

uns richtig herrlich frischen Spaß,

wenn andre schüttelten die Köpfe,

wir freuten uns – was macht´ uns das!!

Im Traumland finden wir uns wieder,

da sind wir beide noch gesund,

wir fegen walzernd durch die Stuben,

und tanzen uns die Füße wund.

Beim Abwasch singen wir Duette,

die Texte kennen wir genau,

und bläst sie die Harmonika,

dann ist die Rosie eine Schau.

28.6.2024

NACHT-GEISTER

Halbe Nacht ist erst vorbei,

Mondenschein erhellt das Zimmer,

Wecker zeigt auf grade Zwei,

hast jetzt Lust auf grad was immer.

Nur nicht liegen still im Bett,

das ist erstmal nicht so nett.

-

Aus der Küche lockt dich was,

du stehst auf und gehst mal schauen,

machst die Kühlschranktüre auf,

willst dir etwas leck´res klauen.

Welche Reste da noch stehn, - ?

Auflauf ist da noch zu sehn.

-

Gabel leise rausgekramt,

willst die Leute ja nicht wecken,

um die Schüssel zu erreichen,

musst du auf die Zeh´n dich strecken, -

Da ein -HM- und noch ein -HM- ,

Schwester sitzt da in der Ecke,

ist willkommen wie ne Zecke.

-

Sitzt im Schatten, kaum zu sehn,

hat die Wurst noch in der Hand,

Wahrheit ist da nicht zu drehn,

Mundraub wird hier jetzt bekannt. –

Doch es hat ja keine Not

Wer petzt schon aus EINEM Boot.

16.7.2024

LEBEN

FESTREDE

Soll ich eine Rede halten,

so im Stehgreif kann ich´s nicht.

Hab zurechtgelegt das Ganze?

Es mir auseinander bricht.

Denn beim Reden denk ich weiter,

was und wie ich´s sagen kann,

kommt nichts Gutes dabei raus,

schreib´s lieber auf für Frau und Mann.

Soll ich eine Rede halten

schreib ich erstmal ein Gedicht,

besser kann ich da entfalten

was mir aus der Seele spricht.

Kleine Scherze, wahre Worte

werden besser dann gesagt,

wenn harmonisch Worte klingen,

wird auch mal nach Sinn gefragt.

Gesagtes bleibt dir so erhalten,

Rede ist so schnell vorbei,

will man Worte noch erinnern,

war man doch nicht ganz dabei.

Hört man vieles sich betreffend,

fühlt man sich bei diesem Fest

in dem Mittelpunkt des Ganzen

was befangen sein dich lässt.

-

Siehst du im Gedicht dann stehen,

was so nett zu dir gesagt,

später - bist du dann alleine,

es dir anders noch behagt.

Ach, wie nett, du liest es gerne:

Du stehst unserm Herzen nah,

wir woll´n alle mit dir feiern,

darum sind wir alle da.

17.3.2024

JAHRESRINGE

Bäume haben Jahresringe,

doch wir können sie erst sehn,

wenn der Baum gefallen ist,

bei uns wird es anders gehn.

\-

Unsre Falten wachsen offen,

bei uns sind sie im Gesicht,

das sind unsre Jahresringe,

stören sollten sie uns nicht.

\-

Lassen wir doch unsre Falten,

denn sie machen uns nicht alt.

Frohes Lachen, gute Laune

geben Antlitz erst Gestalt.

\-

Jede Falte zeigt das Leben -

jeder Kummer, jedes Glück

prägt sich ins Gesicht hinein,

zeigt sich offen unserm Blick.

-

Warum sollen wir verbergen,

wie bewegt das Leben war,

machen wir des Lebens Vielfalt

mit Behagen offenbar.

19.5.2024

BRÜCKEN-SCHÄDEN

Über diese kleine Brücke

gingen Äpfel und Melonen,

auch mal eine rote Möhre,

oder eine dicke Bohne,

Knabber-Nüsse, Erd- und Hasel,

Haferflocken und Bananen,

Brücke fing dann an zu wackeln.

Eine Zeitlang konnt ich´s ahnen.

-

Schokolade, weich und schmelzend,

festes war dann mit dabei,

Brücke hat sich losgerissen,

war auf einmal wirklich frei.

Rufe an den Zähne-Klempner,

und der hatte gleich auch Zeit,

muss jetzt auf die Kasse warten,

irgendwann ist es so weit.

15.3.2024

SCHWERES LEICHT NEHMEN?

Fällt dein Leben auch mal schwer,

Gegenpol musst du dir schaffen,

schau dich um, wo Freude ist,

das hilft dir, dich aufzuraffen.

Immer ging es doch auch weiter -!

Wenn du es am Schopfe packst,

findest du die rechten Wege,

dass du dir den Freiraum schaffst.

-

Übung macht auch hier den Meister,

Lehrling sind wir lang nicht mehr,

Schicksal wirft mit so viel Kleister,

Rutschen fällt da kaum noch schwer.

Rutschen wir doch wie die Kinder

auf der Rutschbahn hin und her.

Gib dem Schicksal lange Nase,

und erzähl ihm was von FAIR.

25.5.2024

ETWAS SPÄTER

Etwas später komm ich heute,

ich war wieder zur Kontrolle,

nicht, weil mir so grad was fehlt,

bin ja die gesunde Olle,

klopf auf Holz, so soll es bleiben,

Herz und Nieren - alles gut,

hab im Griff auch, wie ich´s sollte,

Zuckerwert in meinem Blut.

-

Zur Gewohnheit wird das Messen,

weiß, was ich mir gönnen darf,

kann genießen auch das Essen,

variiert und auch mal scharf.

Muß nicht sagen: Ach, nein danke,

sowas darf ich jetzt nicht mehr,

kann es ganz gut kompensieren,

komm, gib ein Stück Torte her.

Darf doch alles, nur in Maßen,

zwanzig Jahre jetzt doch schon,

fachlich erstmal gut begleitet -

die Routine ist der Lohn.

Täglich spritzen? Na ja, wenn schon,

es gibt Schlimmeres als das,

mit Vernunft kann man gut leben,

Diabetes ist kein Spaß!

10.6.2024

DREI WÜNSCHE

Ich wünsche mir, ich wünsche mir

was wünsch ich mir denn jetzt.

Hier steht der große Flaschengeist,

mit Ungeduld er hetzt.

Nun sag doch mal, ich hör dir zu

ich hab nur wenig Zeit –

denk nicht so gar zu lange nach,

bin bald nicht mehr bereit.

-

Ich wünsche mir, ich wünsche mir

für mich so ganz allein?

Bescheidenheit ist eine Zier,

doch fällt mir das nicht ein.

Ich wünsche mir Arthrose weg

mit Vater einen Plausch,

dass er ganz einfach steht vor mir

ich seiner Stimme lausch.

Als Drittes, ja, da wünsch ich mir

dass die Gesundheit hält,

gleich bis zum letzten Atemzug

Demenz mich nicht befällt.

Dass rege das Gedankengut

in aller Frische bebt

dass farbenreich Erinnerung

noch immer in mir lebt.

17.2.2024

TOLLER FLITZER

So ein roter, schneller Flitzer,

da steig ich bestimmt nicht rein,

hab gewonnen ihn beim Bingo?

Das kann nichts Besondres sein.

Ward gespendet von den Bänkern?

Steuern sparen, das ist in,

sooodan wird dann noch ein Schuh draus,

gibt der Sache einen Sinn.

-

Werd ihn doch bestimmt nicht fahren,

ist für mich doch viel zu schnell,

tausch ihn ein zur Kombi-Kutsche

für Familie auf der Stell,

lass mich ganz bequem dann fahren,

weiß auch wirklich schon, wohin,

wer dann mitwill von den Lieben,

Platz ist da dann auch noch drin.

Und wohin? - Das weiß ich auch schon,

immer mal nach HIER und DA,

einmal kurz für ein paar Stunden,

nicht zu fern und auch mal nah.

Gibt so viele schöne Ecken

in dem Umkreis hier bei mir,

alles werd ich nochmal sehen,

Platz dann haben ALLE hier.

16.6.2024

FREUDE

LEBENDIG

Ein bisschen, Sonne,

ein bisschen Regen

und Blitz und Donner so ab und an,

vom leichten Wind

bewegte Zweige

tun uns auch gut ja, so dann und wann,

für unser Leben

für unser Wohlsein

die Vielfalt fordert uns und belebt,

denn nur nach Stillstand

und eitel Ruhe

so ganz und wirklich

doch niemand strebt.

6.7.2024

IM WONNEMONAT

Röschenrot und Engelszauber,

zarte Liebe unbefleckt,

wohlig regt ein Sehnsuchts-Schauer,

wenn Hormone grad geweckt.

Liebeslied lässt schon erbeben

färbt die Wangen wärmend ein,

Träume sind noch zart vernebelt

wollen noch erfüllt nicht sein.

Pubertät noch kaum begonnen,

doch das Ahnen ist schon da,

leuchten zärtlich ein paar Augen –

ist die erste Liebe nah.

2.5.2024

WANDERLUST

Leicht und flockig durch Gedanken

laufen Bilder und Gesänge,

Schritte weben Melodien

ohne vorgegebne Zwänge,

wandern zwanglos durch die Lieder

bilden leichtes Potpourie,

bleiben auch mal länger hängen

in bekannter Poesie.

-

Leicht und flockig durch die Feder

achtet Worte man doch mehr,

sollen andere es lesen

geht es nicht so kreuz und quer.

Muss mit Worten variieren,

dass es gibt den rechten Klang,

soll der Sinn doch klar erkenntlich

auch im Worte-Überschwang.

Doch im freien Wege-Wandern

geb ich den Gedanken Raum,

sollen selber sich entfalten

und ich achte darauf kaum.

So entspannend, so befreiend,

locker geh ich für mich hin,

öffne alle meine Sinne

und bin einfach, wer ich bin.

3.4.2024

KEINE SEEFAHRT

(Mel. Heut geht es an Bord)

Heut geht´s nicht an Bord,

ich segel nicht fort,

Schiff bleibt gut vertäut.

Wellen und Meer,

das liebe ich sehr,

doch eben nicht grad heut.

Denn ICH mach heut zu Hause

mit Freunden eine Sause:

Mit Musik und Tanz

für Lotte und für Hans

für Jung und alte Leut.

-

Alle singen mit,

dann bleiben wir im Tritt,

wenn die Puste reicht.

Schlager sind da gut,

auch mal ein alter Hut

erinnern ist da leicht.

Denn wir alten Leute,

singens gern noch heute,

von dem Wandersmann

und der Bimmelbahn,

das kommt bei uns an.

-

Pausen machen wir

mit Wein und auch mit Bier,

Klöönschnack mit dabei,

und der alte Fritz

bringt auch mal einen Witz,

Lachen macht so frei.

Kommt die Abendstunde,

leiser wird die Runde,

dieser Tag war fein,

schaut mal wieder rein.

Sollt willkommen sein.

21.4.2024

WENN AUCH NUR IM GEISTE

Werde wandern – einmal noch,

nehme nicht den höchsten Gipfel,

je nachdem, wie steil es ist,

gehe einen Strecken-Zipfel.

Wanderstab in jeder Hand,

Pausen-Hütten stehn bereit,

zur Erholung der Gelenke,

dass die Wanderung noch freut.

-

Bin nach Tagen oder Wochen,

angekommen irgendwann,

habe Bilder aufgenommen,

Speicher-Karten kommen dran.

Akku-Speicher in der Tasche,

ganz dort oben steht ne Bank,

mache es mir ganz gemütlich,

nach dem Aufstieg – extra lang.

Sitz und schaue in die Runde,

kleines Dorf im Tal ich seh,

Bächlein fließt in Zig-Zag-Runden,

kommt zur Ruhe in dem See.

Neben mir entspringt die Quelle,

Wasser schmeckt wie Kinderzeit,

ich schau meine Bilder an,

wie mir diese RUHE freut.

-

Einen Tag bleib ich dort oben,

eine Hütte lädt mich ein,

mit nem Bett und einer Brotzeit,

werde gut bedient ich sein.

Abstieg ist dann etwas leichter,

geh an Hütten auch vorbei,

nehm dann immer nur die Zweite,

ruf für´s Echo ein – JUCH-HEI.

-

Und zu Hause angekommen

sitz ich Stunden am PC,

schau mir alle Fotos an —

und nochmal den Weg ich geh.

Eingespeichert das Erlebnis —

so mit Allem Drum und Dran:

In der Seele hinterlassen

zum Genießen irgendwann.

12.7.2024

SPASS

MITTELPUNKT

Das ist doch einmal sonnenklar,

ICH bin der Mittelpunkt der Welt,

denn ALLES, was ich hier grad seh –

hat sich um MICH herumgesellt.

Drum: Weltenmitte, das bin ICH,

mag es den andern anders scheinen,

doch das ist mir dann auch egal,

ich lass die andern anders meinen.

22.3.2024

ANDERES LEBEN

Käm ich nochmal auf die Welt,

wollt ich eine Tasse sein.

Warm und Kalt und lecker flüssig

käme es in mich hinein.

Wär behaglich in mir drinnen

was den Menschen so gut schmeckt,

ich bekäme viele Küßchen,

Tröpfchen würden abgeleckt.

-

Weiche Lippen, weiche Zunge,

Hände wärmten sich an mir,

zärtlich würde ich umfangen

wär im Glasschrank eine Zier.

Blumen-Muster, schöne Sprüche,

jeder schaute gern mich an,

würd gestreichelt selbst im Abwasch,

zart getrocknet auch noch dann.

-

Früh am Morgen in Gesellschaft,

Kaffeeduft, Aroma-Tee,

würde aus dem Schrank geholt

von der lieben Menschen-Fee,

Zarte Hände mich umfangen,

Küsschen gäb es ohne Zahl,

und begleite zum Computer

meinen Lyriker einmal.

5.3.2024

SCHAFE AM HIMMEL

Ei gucke mal, da ziehen Schafe

unterm blauen Himmelszelt.

Kahl und staubig waren Felder,

wo ist eine Gräser-Welt.

Kurz-genagt war ihre Wiese,

Zähne fassten nur noch Sand,

„Kommt, Ihr Schafe, lasst uns suchen

uns ein saftig-neues Land."

-

Zogen weiter, immer weiter,

überall nur kahle Welt,

bis sie dann zum Himmel kamen,

hoch am Berge draufgestellt.

Wo in großen Berges-Höhen

rührt der Fels den Himmel an,

wechselten die weißen Schafe –

Himmels-Treiben jetzt begann.

-

Und sie wandern immer weiter

In dem Blau, so stets dahin,

halten alle fest zusammen

weil sie eine Herde sind.

Kommen dann zu grünen Auen,

wo die Gräser saftig sind.

Runter- Springen wird man trauen,

weil man Grünes hier noch find´t.

6.4.2024

ZUM WOHLE

So zünftig - Bier aus einer Tasse?

Warum denn nicht, Idee ich fasse.

Was trinkst du da? Na was denn schon.

Ein Tässchen Tee! - Mein Tages-Lohn.

-

Warum es schäumt? Ich bitte dich,

ein Sahnehäubchen - gut für mich.

Ein Tässchen Tee mit Sahne drauf,

so immer mal im Tags-Verlauf.

Was sagst du, WAS -

es riecht nach Bier?

Nicht EINE Flasche siehst du hier,

ich bin so brav, trink meinen Tee,

lass den Verdacht,

er tut mir weh.

3.6.2024

MEIN KAFFEE

Meinen Kaffee lieb ich sehr.

So mit Milch doch noch viel mehr,

Zucker muss bei mir nicht sein,

nur, wenn Whiskey kommt mit rein,

Irish Coffie, welch Genuss -

Geb dem Glas noch einen Kuss,

hör mit einem doch schon auf,

sonst verdreht sich leicht mein Lauf.

22.4.2024

BESINNUNG

SEELENFLUG

Mein Flug braucht nicht die Kraft der Flügel,

auf Traumgedanken schweb ich hin,

wo ich die Freiheit hab gefunden,

denn danach strebt mein Herzenssinn,

da treff ich, wen ich so vermisse,

kein Feind kreuzt meinen guten Weg,

so viele mußten Abschied nehmen,

doch ich find immer ihren Steg.

Dann wander ich die alten Wege,

und die Erinnerung ist da,

ich weiß ja, wie sie damals dachten,

denn sie sind meinem Herzen nah.

20.2.2024

ENTSCHEIDUNGEN

Die goldene Mitte

im Zwiespalt zu wählen,

kann zu den besten

Entscheidungen zählen,

doch auch dieser Weg

geht nicht einfach gradaus,

auch in der Mitte

gehts rund mal und kraus.

25.4.2024

WEISST DU; WIEVIEL STERNLEIN ...

Sterne standen hoch am Himmel,

zeichneten uns Bilder auf,

kleiner Wagen, großer Bär,

die Giraffe oben drauf.

Löwe, Pegasus und Adler,

Schlangenträger und der Schwan,

und das Haar der Berenike

hängt sich an die Jungfrau dran.

-

Stern an Stern am dunklen Himmel

sahen wir vom freien Feld,

da ging unser Blick nach oben

wenn Laternen ausgestellt.

Nicht zu zählen war die Masse,

damals noch als kleiner Knilch,

mitten drin in diesem Segen

noch die Straße mit der Milch.

In der Stadt mit den Laternen

zähl ich einzeln jeden Stern.

So viel Platz ist jetzt dazwischen

schau ich hoch einmal von Fern.

Seh sie alle, muss nicht zählen,

wo sie stehen irgendwo,

sind mal eben fünf am Himmel.

Das seh ich mal grade SO.

-

Weiß nicht, wieviel Sternlein stehen,

denn ich kann sie nicht mehr sehn.

Irgendwo im weiten Weltall

werden sie vorübergehn.

Lichterschein von unsrer Erde

strahlt hinaus ins Firmament,

Sternenbilder sind verschwunden,

weiß nur noch, wie man sie nennt.

21.2.2024

DOCH EIN SONNENSTRAHL

Über uns nur dicke Wolken,

Sonne will uns nicht mehr sehn,

hat den Vorhang zugezogen,

das dort Unten ist nicht schön!

So viel Grünes ist verschwunden,

Städte wachsen ohne Zahl

und ersticken freie Erde

wie sie früher war einmal.

-

Immer enger, immer dichter,

trägt die Erde diese Flut –

Menschen, Menschen ohne Ende

nährt die Erde diese Brut? –

Aber Ja! – Wenn man könnt teilen,

was die Erde hält bereit,

aber Macht ist so verlockend,

so war es schon ALLE Zeit.

Jeder ist sich selbst der Nächste

Und beansprucht SEINEN Raum,

kann man sich was Eignes leisten,

so verzichtet man doch kaum.

Gibt ein Scherflein für die Armen,

fühlt getan dann seine Pflicht,

setzt es ab von seinen Steuern

und denkt weiter daran nicht.

-

Doch es gibt auch immer Menschen,

denen es Bedürfnis scheint,

für die Umwelt was bewirken,

mit den Armen sich vereint.

Meist im Hintergrund sie wirken

ohne lautes: „Seht mich an!"

Haben andere im Herzen -

Und bewirken etwas dann.

5.4.2024

PFLICHTBESESSEN

Schaust du grimmig in den Tag,

warten auf dich Müh und Plag,

trittst das Gänseblümchen nieder,

schaust dabei vergrätzt und bieder,

setz dich lieber zu ihr hin,

siehst in ihr des Lebens Sinn.

Einfach leben nur und sein,

bist dann selbst nicht so allein.

-

Wunder gibt es um dich her:

alles grünet, blühet, duftet,

besser wird es dir nicht gehen,

wenn du pflichterfüllend schuftest.

Siehst nicht rechts und siehst nicht links,

gönnst dir keine Muße-Stunde –

ist die Eine Pflicht vorbei,

drehst du gleich die nächste Runde.

In dem Wechsel liegt die Freiheit

deine Zeit auch zu genießen,

machen Pausen dich befreit -

dann Erfolge können sprießen.

Freudig gehst du an die Arbeit,

denn entspannt geht alles leichter,

schöne Stunden zu genießen

ist ein guter Wegbegleiter.

1.6.2024

WAS IST ZEIT

Ist Zeit ein Teil der Ewigkeit,

war sie schon immer da?

Das Werden und Vergehen hier,

war es auch immer nah?

Bevor die Erde einst entstand

war Gegenwart präsent?

Gibt´s einen Außer-Irdischen,

der diese Antwort kennt?

-

Am Anfang war – was weiß denn ICH?

War niemand doch dabei,

man rätselt hier, man forscht herum,

wie dieser Anfang sei.

Nur wissen will man und verstehn,

wie es einmal begann,

doch Zeit ist Zeit und nur ein Wort:

Veränderung ist dran.

Veränderung: Das ist die Zeit

mit Werden und Vergehn.

Ob von der Blüte zu der Frucht -

wohin die Wolken wehn.

Doch ZEIT ist nicht ein Ding an sich,

sie bleibt auch niemals stehn,

nur mit dem Focus für ein Bild

kann Gegenwart man sehn.

- - - -

Denn Zeit ist Zeit,

kann greifbar sie nicht fassen,

die Zeit ganz einfach nur vergeht,

man muss sie darum gehen lassen.

Und bleiben Uhren unterwegs

im Lauf auch einmal stehn,

was kümmert es der lieben Zeit,

sie wird wohl weitergehn.

23.4.2024

NICHT GREIFBAR-NICHT SPÜRBAR

Die Zeit ist nirgendwo zu sehn,

sie ist nicht hier, sie ist nicht da,

nicht dingfest wirst die Zeit du fangen,

die Zeit ist nur sich selber nah.

Kommt sie herbei, ist sie schon fort,

bleibt niemals fest an einem Ort.

-

Machst du empfindsam deine Sinne,

erspürst im Geiste, was dir nah,

nie sichtbar wirst die Zeit du finden,

du siehst nur immer, was geschah.

Siehst nicht die Zeit, nur Wolken wandern,

fühlst auf der Haut die Winde wehn,

hörst Rauschen von belaubten Bäumen,

doch Zeit wird ohne Spur vergehn.

15.7.2024

AUSZEIT

Die nächste Pflicht, das nächste Muss,

und vieles bringt auch noch Verdruss,

dann halte ein und bleib mal stehn,

denn weiter darf es so nicht gehn.

Was mach ich wo, was mach ich wie,

dann brich´s nicht einfach übers Knie.

Steckt deine Arbeit mal im Loch,

dann setz dich hin, die Füße hoch,

lass deine Arbeit einmal sein,

entspannt fällt besser dir was ein.

12.7.2024

RÜCKBLICK

Grummelnd sitzt er gegenüber,

brummelt etwas in den Bart,

soll ich ihn mal etwas fragen –

so ganz vorsichtig und zart?

War die Nacht wohl nicht erholsam,

tut vielleicht der Kopf noch weh,

kam sehr spät doch auch nach Hause,

traf den Stuhl noch mit dem Zeh?

-

Singt er sonst auch keine Arien

morgens früh am Kaffee-Tisch,

sitzt doch sonst so recht genüßlich,

und wirkt immer wach und frisch.

Läßt das Frühstück sich gut schmecken,

liebt das Essen gar zu sehr,

und sagt freundlich in die Runde:

Wer reicht mal den Käse her.

Mürrisch war mein lieber Männe

selten doch beim Frühstücks-Mahl,

wir genossen gut und gerne

Vielfalt nach der eignen Wahl.

Zeit zum Sitzen vor der Arbeit,

vor der Schule mußte sein:

Ist am Morgen gute Stimmung,

wirkt es in den Tag hinein.

-

Darum lass ich ihn in Ruhe

ist er einmal nicht gut drauf,

will er mit mir drüber reden,

macht er seinen Mund schon auf,

schlecht geschlafen, das trifft jeden

mit der Zeit doch irgendwann,

will ihn da nicht groß bedrängen,

fängt wohl selbst zu reden an.

5.6.2024

Schotten dicht

Eine Mauer um mich baue,

lass nur rein, was mir gefällt,

halte viele Türen offen

für das Schöne dieser Welt.

Stört mir etwas meinen Frieden,

kann ich nichts dagegen tun?

Mach ich meine Schotten dicht,

lass das Böse um mich ruhn.

-

Weiß doch immer, dass es da ist,

es verstört auch manches mal,

doch kann ich nichts dabei machen

geh ich nicht ins Jammertal.

Öffne Augen und die Sinne

für das Gute ringsherum,

solang ich mir Freude schenke,

haut das Böse mich nicht um.

20.5.2024

ZUHÖREN-BEGLEITEN

Das Leben hält so viel bereit,

s´gibt gute und auch böse Zeit,

damit wir uns daran erinnern,

wenn andre in den Seilen wimmern.

Verständnis, Hilfe, gute Worte,

das können wir dann selber geben,

aus eignem Sinn und eignem Leben.

Verstanden werden in der Not

ist wertvoll wie das täglich Brot.

7.3.2024

LEBENDIGES HERZ

Ein Herz aus Stein

wird nicht erweichen,

doch wenn ein großer

Kummer sticht,

dann kann es sein,

dass es dann bricht.

-

Doch stark ist er,

der tapfre Muskel,

schlägt unbeirrt

ein Leben lang,

trägt dich durch

Kummer, Frust

und Freude,

seitdem dein

Leben

einst begann.

22.2.2024

NATUR Wetter

Wetter gibt´s in JEDEM Fall,

ist nicht immer angenehm,

kommt drauf an, was grade ist,

und was uns grad ist bequem.

Wird der Garten uns zu trocken,

oder schwimmt er gar davon,

haut nicht Petrus aus den Socken,

er sagt nicht mal einen Ton.

Sieht es nicht mal,

macht auch gar nichts,

Wetter macht, was Wetter will,

Petrus wollt das nie bestimmen,

hält als Sündenbock nur still.

Drum lasst Petrus endlich ruhen

mit dem Schlüssel für das Tor,

lachen wir ihn freundlich an,

wenn wir stehen einst davor. 17.6.2024

JAHRESZEITEN

Braune Erde, kahle Zweige,

noch ein spätes Flöckchen fällt,

nasser Matsch auf freien Wegen,

Frühling doch den Einzug hält.

Weiße Glöckchen unter Büschen,

Krokus stellt sich auch mit ein,

was ist schöner nach dem Winter? -

Frühling wird es endlich sein.

-

Löwenzahn und blaues Veilchen,

Flieder duftet um uns her,

Pusteblumen gehn auf Reisen,

Wind verrupft das blaue Meer.

Barfuß prüft man Wasserkälte,

baden will man doch noch nicht,

läßt schon mal die Jacke hängen,

denn der Sommer ist in Sicht.

Badefreuden, Sonnenbrände,

Schweiß, der in die Augen rinnt,

Kinder spielen wieder draußen,

Mohn verweht im Sommerwind.

Nachts weckt manchmal Blitz und Donner,

Regen prasselt laut herab,

doch bei schönem Sommerwetter

wird gepackt der Wanderstab.

-

Erste Birkenblätter fallen,

sprenkeln gelb das grüne Gras,

Weizenfelder wogen meergleich,

doch bald erntet man sie ab,

Ahorn trägt sein buntes Herbstkleid,

grün und gelb und rot und braun,

Herbstwind läßt die Blätter fliegen

sind so lebhaft anzuschaun.

-

Durch den Nebel scheinen Sterne,

die nicht nur am Himmel stehn,

überall sieht man sie leuchten

in den Straßen – wunderschön -?

Blinken sie im Takt verwildert,

ist es mir nicht ein Genuss,

doch wenn ruhig sie mich fangen,

ist es mir ein Weihnachtsgruß.

-

Schnee wär mir da auch willkommen,

wenn er bald dann wieder geht,

und nicht wochenlang als Matsch noch

unter meinen Schuhen steht.

Doch das frohe Kinder-Treiben:

Schneemann rollen, Schneeballschlacht,

dann – ich sag es im Vertrauen,

SO der Schnee mir Freude macht.

-

Wechsel in den Jahreszeiten,

DAS ist meine erste Wahl,

die Natur bringt immer Neues,

fasziniert in JEDEM Fall.

EINE Lieblings-Zeit für immer,

Kamera sagt: Lass es sein,

hatten doch schon alles dieses -!

und stellt seinen Dienst mir ein.

8.6.2024

SAMENKORN

Der Löwenzahn schickt kleine Schirmchen,

sie tragen mich weit fort vom Stand,

bin nur ein kleines, leichtes Körnchen,

flieg mit dem Schirm weit übers Land.

Der kleinste Windhauch lässt mich fliegen

wohin mich grad mein Schicksal trägt,

flieg über saftig-gelbe Felder

wo sich ein Schleier drüberlegt.

-

Den Schleier bilden meine Brüder

die sich erheben in die Luft,

ein kleiner Windstoß kann genügen,

dann löst die Saat sich von der Frucht.

Die gelben Blüten all verschwinden

die Saat tanzt ihren Elfentanz,

bis irgendwo den Platz sie finden

da wird mein Dasein doch erst ganz.

Dort senk ich mich einmal hinab

in Gras und Laub und dunkle Erde,

dann regt sich mir der kleine Kern,

auf dass ich wieder wachsen werde.

Streck saftig meine Blätter aus,

und lass die Knospe wieder steigen -

am Stengel hoch, weit in die Luft,

und mach den Himmel mir zu eigen.

-

Fliegt nur aus für nächsten Mai,

dann sind Feld und Wiesen frei,

dann es sprießt mit Gelb und Grün,

wenn am Rande wir es sehn.

Löwenzahn scheint gelb wie Sonne

uns zur Freude uns zur Wonne.

8.4.2024

NIESELREGEN-

Es regnet, es regnet,
so mild und so fein,
so gut kann das Nieseln
im Frühjahr auch sein.
Erfrischt sind die Blüten,
so neu und so zart,
besprüht und gewaschen
sie leuchten apart.-

29.3.2024

TROTZDEM

Wochenend und Sonnenschein,

wie kann es denn auch anders sein,

doch diese Strahlen sind ja nass,

es regnet wie aus einem Fass.

\-

Der Himmel trüb, kein Schein von Blau,

ich meinen Augen doch auch trau,

dies Grau ist gut verteilt und glatt,

es scheint sogar noch seiden-matt.

\-

Und drunten ist die Welt so Grün,

so klar und frisch, das muss man sehn,

manch Sommertag, da stöhnen wir:

"Ach, gäb es Regen auch mal hier!"

\-

19.4.2024

DICHTES GRAU

Hab Sonne im Herzen,

ob´s stürmt oder schneit,

sie scheint nicht von oben,

sie ist nicht bereit,

hat Vorhang von Wolken

und hält ihn ganz dicht,

damit nicht mal Regen

die Decke durchbricht.

-

Nach Tagen voll Sonne

da ist sie jetzt müd,

sie braucht einmal Pause,

zurück sie sich zieht,

gedämpft ist für uns

jetzt der himmlische Schein,

die weiche Beleuchtung

ist auch einmal fein.

21.5.2024

SO – ODER SO

Es flitzt der Sturm um alle Ecken,

der Regen peitscht dein Angesicht,

der Schirm will sich nach außen strecken,

verweigert dir die Trocken-Pflicht.

Im Sturm fällt Regen schräg herunter

und wirbelt mal von unten rauf,

dann bist du naß bis rauf zur Hüfte

das nimmst du nicht so gern in Kauf.

-

Doch kommt der Regen sinnig, leise,

dann gehst entspannt du unterm Schirm,

läßt die Gedanken flüchtig wandern,

so frei wird dir dann Herz und Hirn.

Genießt die Feuchte in der Luft,

die Düfte, die dich mild umschmeicheln,

grüßt noch die Katze unterm Busch,

und läßt es mal, sie lieb zu streicheln.

26.5.2024

TAUSENDSCHÖNCHEN

Der kleine Hofplatz und der Garten

ganz eingegrenzt im Farbenspiel,

die Tausendschönchen konnten starten

so bunt in ihrem Früh-Gefühl.

Ab Mitte März man sah sie sprießen

In weiß und rosa, gelb und blau,

sie blühten alle Jahre wieder,

vertraut war diese Garten-Schau.

-

Nach sechzig Jahren - fast vergessen

der Blumenrand bis oben hin,

gleich von der Hecke mit den Wicken

bis hoch zur Nachbar-Grenze hin.

Für Blumenkranz in roten Haaren,

zur Zierde in dem Lockenkopf,

Umrandung für Geburtstags-Teller

Für´s Fenster in dem Blumentopf.

-

So dankbar diese schönen Bellis

veredelt, füllig, immer da,

dies prächtig bunte Gänseblümchen

ist mir auf einmal wieder nah.

Einmal gepflanzt, sie blieb erhalten.

Die ganzen Jahre – bunte Pracht,

Ein kleines Bild von diesen Blumen

hat es mir wieder nahgebracht.

9.4.2024

WASSER-REIGEN

Vom Himmel hoch, da kommt es her,

das Nasse, das gehört ins Meer,

doch Kreislauf macht der Wettergott:

" Bewegt euch mal, nun aber flott.

-

Ihr Tropfen schwimmt bequem im Meer,

ich saug euch rauf als Nebelheer,

als Wolken werdet ihr gesehn,

so soll der Kreislauf weitergehn.

-

Versammelt euch in dicke Tropfen,

ich werd mal auf die Wolke klopfen,

dann löst ihr euch und stürzt hinab,

doch das ist längst nicht euer Grab.

-

Denn Wasser fließt, wohin es will,

es liegt nicht in den Pfützen still,

es strömt hinab und zwängt sich rein,

und überall wird's möglich sein.

-

Es sammelt sich im Untergrund,

es wird gesäubert und gesund,

und vieles, vieles stellt sich dann

im Meer zum neuen Reigen an."

4.6.2024

JUNI KANN AUCH

Sonne ist heut unterwegs,

oder sind es nur die Wolken,

die sich sammeln immer wieder

zu dem großen Stelldichein.

-

Sonne treibt sie auseinander,

will die Erde wieder sehen,

was die Menschen wieder treiben,

schaut bei mir ins Fenster rein.

-

Ich seh wieder blauen Himmel,

kleidsam sind die weißen Wolken,

Watte-Bäuschchen ziehen einzelnd

Und ich finde: Das ist fein.

-

Doch dann rauscht es vor dem Fenster

und es klatscht auf den Balkon,

Regen fällt aus allen Wolken –

SONNE hatten wir doch schon.

-

Wasser fällt in dicken Fäden,

Wasser spritzt vom Baum im Wind,

in Minuten ist´s vorüber

Sonne durch die Wolken find´t.

-

Spiegelt sich in Wasserpfützen,

Tropfen glitzern in dem Strauch,

unberechenbar April -

doch der Juni ist es auch.

6.6.202

MEINE ZIGE UND ICH

Geh spazieren mit der Ziege,

denn Natur ist heut so schön,

seh da vorne eine Brücke,

da werd ich mal rübergehn.

Führt hinüber übers Bächlein,

wo er plätschert seinen Lauf,

drunten seh ich ein Gewusel

von dem Strom in Baches Bauch.

-

Ein Holunderstrauch in Blüte

duftet mir grad ins Gesicht,

Vogelnest in seinen Zweigen,

drinnen sitzt ein kleiner Wicht.

Gartenzwerg als Schlumpf gestaltet,

der war gestern noch nicht da,

Vogel ist ein kleiner Dieb,

ist doch meinem Herzen nah.

Weiter führt der Weg geschlängelt

über Wiesen ohne Zaun,

und verstreut die Heckenrosen

schon in Blüte anzuschaun,

doch in einem zwischen Zweigen

steckt ein bunter Partyhut,

den frißt gleich die kleine Ziege –

eine Ziege - - sowas tut!!

9.6.2024

BIRKEN-TANZ

Es tanzen die hängenden Zweige im Wind,

ob Walzer ob Beat, sie nicht einig sich sind,

der Wind weht in Schüben, so wie es ihn packt,

kein Dirigent schlägt für die Winde den Takt.

-

Um Hausecken kreiseln die Winde im Zwang,

die Birkenzweige, sie hängen gar lang,

geflochten sie werden im wirbelnden Tanz

und winden dem Mai-Baum geflochtenen Kranz.

30.4.2024

DER MANN IM MOND

Oh Täler weit, oh Höhen,

der Mond ist doch nicht flach,

von UNTEN nur gesehen,

hat Oma mir gesacht.

Da wachsen Berg und Täler

und Krater groß und tief,

wo schon der Mann im Mond

im Erdenschein dort lief.

Er schaut zu uns herunter,

bläht seine Wangen auf,

grüßt uns als Wegbegleiter

aus seinem Himmels-Lauf.

15.4.2024

TIERE

EINE MÜCKE

Es sirrt um mich ein hoher Ton

und stört mir die Gedankenwelt,

was will das kleine Vieh denn schon,

ist März doch noch in meiner Welt.

Kommt sogar meiner Nase nah,

will dann noch landen hier bei mir,

das ist der Frechheit größte Kron.

Hau ab, du freches Mücken-Tier.

-

Die Puste treibt die Mücke fort,

es wedelt meine Hand ihr nach,

doch ist sie wie ein ganzer Schwarm,

es sirrt um mich ein Töne-Krach.

Dann ist es still, ich such nach ihr,

fast wie im Zauber ist sie fort,

dann ist sie wieder hier bei mir

und mir entweicht ein schlimmes Wort.

-

So früh im Jahr, was soll denn das,

die Mücke hat sich wohl verirrt,

dass sie so unwillkommen mir

so lautstark um die Nase schwirrt.

Geh schlafen noch, du dummes Ding

zu deinen Schwestern fern im Moor,

zur Sommerzeit an Bach und See

lass klingen deinen Mücken-Chor.

19.3.2024

„SAUER-SAUER"

"Sauer-sauer-sauer"

sprachen wir die Bienen an,

kamen sie uns viel zu nah,

da glaubten wir vielleicht daran,

dass die Bienen uns verstanden,

Appetit verging dann schier,

und sie flogen wieder weiter,

suchten anderes Revier.

-

„Sauer" ist doch Menschen-Sprache,

das versteht die Biene nicht,

wollte sich das Süße holen,

nicht bereit für den Verzicht.

Wenn die Hand dann auch noch wedelt,

geht die Biene ins Gefecht,

will das eigne Leben retten –

für die Hand ist das mal schlecht.

23.2.2024

DIESE MÜCKEN

Sitz ich im Holunderbaum,

hab von LESEN einen Traum,

juckt es hier und juckt es da,

denn die Mücken sind mir nah,

haben Durst und flirren rum

mit Gesirr, das ist mir dumm,

klitsch und klatsch, nur grad vorbei,

geht das Buch davon entzwei,

siegen mit der Zeit die KLEINEN,

geh jetzt rein, muss sonst noch weinen.

Dies Gedicht wuchs von allein,

Mücken können nützlich sein.

26.6.2024

BALLERINA

Tänzelnd mit den dünnen Beinen

hängt sie in dem zarten Netz,

eine kleine Ballerina

anmutig die Beine setzt.

Wedelt mit den Vorderbeinen,

grad als winke sie mir zu,

liebe kleine Ballerina,

glaub mir, ich lass dich in Ruh.

-

Dünn sind deine langen Beine,

so zerbrechlich scheinen sie,

biegsam wie ein Birken-Wedel,

und man sieht nicht mal ein Knie.

Spinnend webt sie ihre Fäden,

fast unsichtbar ist ihr Netz,

aber haltbar hängt es droben

in die Ecke reingesetzt.

Zappelt etwas kleines, Schwarzes

in den trügerischen Fäden,

ist Gefahr auch angesetzt,

doch bestimmt auch nicht für jeden,

dann dreht sich die Ballerina,

in die Richtung ohne Eile,

denn die Beute hängt bereit,

und dort hängt sie eine Weile.

2.6.2024

KLEINER FLOH

Ein kleiner Floh, fast kaum zu sehn

fand Heimstatt in dem Katzenfell.

Das war so weich und auch so dicht,

und unterm Bauch auch nicht zu hell.

-

Nur störte es ihn ab und zu,

wenn Zunge nahte, nass und rauh,

dann wechselt er durchs dichte Fell

zum Rücken dieser Katzen-Frau.

-

Hier war er sicher eine Weil,

er labte sich am roten Saft,

das gab ihm Kraft für seine Brut

die nur ZU schnell herbeigeschafft.

-

Oh jemine, er fand das gut,

doch schwor es die Gefahr herauf,

der Katze störte diese Brut,

sie hörte nicht zum Kratzen auf.

-

Es kam der Mensch mit Pülverchen,

es floh der Floh mit einem Sprung,

und landete beim Menschen gar -

mit angstvoll-unbedachtem Schwung.

-

Mit Hast er zwängte sich hinein

durch Wolle bis zur nackten Haut -

als er den ersten Biss gemacht,

hat er die Zukunft sich verbaut.

- DENN –

Der Mensch - das ist ein tückisch Tier,

dient nicht so gern als Floh-Revier.

Drum kleine Hüpfer, gebt recht Acht,

der letzte Sprung ist schnell gemacht.

7.4.2024

SPATZEN-LEBEN

Du kleiner Spatz, was willst du haben,

willst dich an dicken Knospen laben,

ziehst bald die erste Brut schon ran,

ernähr dich gut, du kleiner Mann.

-

Denn bald siehst du in deinem Nest

nur offne Schnäbel mit dem Rest

der gierig zilpenden Gesellen,

die von dir Würmchen so bestellen.

-

„Hab Hunger", schrein sie, drei und vier,

noch blind und nackt ist das Getier,

doch bald schon bald sie hüpfen um

bei Spatz und Spätzin bettelnd rum.

-

Grad flügge drängeln sie zuhauf

bei jedem Spatz im Tageslauf,

sie flattern mit den kleinen Schwingen,

„Zu MIR sollst du die Nahrung bringen."

-

Und treulich, wie die Spatzen sind,

bedienen sie auch fremdes Kind,

streckt sich ein offner Schnabel hin,

Bedienen macht für's Volk dann Sinn.

1.3.2024

FÜTTERUNG

Suchst du einen Leckerbissen,

zart und lecker für den Schnabel,

hast dein Werkzeug im Gesicht,

brauchst nicht Messer und nicht Gabel,

zupfst dir´s mundgerecht heraus,

und genießt den Mittags-Schmaus.

-

Würmer, Käfer, mal ein Blümchen

bündelst du in deinem Schnabel,

schlingst dir´s selber doch nicht rein

ohne Löffel, ohne Gabel,

fliegst davon mit deiner Last,

weil du drei-vier Kinder hast.

-

Amsel, Drossel, Fink und Meise

haben ihre Elternzeit,

sammeln es in alter Weise,

ist der Schnabel auch nicht breit.

Aber breit sind junge Schnäbel,

offne Trichter stehn bereit,

kommen Eltern angeflogen -

IMMER ist dort Essens-Zeit.

31.5.2024

WEITSICHT

Das Dach ist mir nicht hoch genug,

ich will noch höher rauf

mit Aussicht über Stadt und Land,

und Blick zum Welten-Lauf.

Will sehen, wenn Besuch sich naht,

mach alles dann bereit,

sag meinem Chef: „Ich komm heut nicht,

mach Blau heut, liebe Leut."

-

Das Dach ist mir nicht hoch genug,

will immer noch mehr sehn,

der Rundblick ist so wichtig mir,

kann mehr dann auch verstehn.

Ich dreh den Kopf gleich rundherum,

seh, was da kommt und geht,

schau bis zum Horizont sogar –

und wie die Welt sich dreht.

Ich hab den Ort für mich allein,

für mehr ist da kein Platz,

hab Heizung für den Po sogar,

im Winter: So ein Schatz!

Doch stürmen darf es nicht zu sehr,

dann reißt es mich hier fort,

dann suche ich mir lieber mal

nen andern Wohlfühl-Ort.

24.5.2024

TSCHILP-TSCHILP

Hast ein Würmchen mal für mich,

oder eine kleine Made,

sowas hätt ich doch so gern,

bring mir keine Schokolade,

lecker finde ich sie nicht,

bin ja nicht ein Menschen-Kind,

lecker sind für SIE die Naschies,

meine Wünsche anders sind.

-

Motten, Mücken, kleine Käfer,

auch ein Blümchen nehm ich gern,

Proteine für das Wachstum

immer muss dazu gehör´n.

Vogelfutter aus dem Häuschen

findest du für mich so leicht,

drum auch keines deiner Kinder

dir von deiner Seite weicht.

11.7.2024

HASENZÄHNE-HASENLIEBE

Hasenzähne sind so wichtig,

wenn der Hase Hunger hat,

kann sonst keine Rübe essen

und auch keinen Frisch-Salat,

müsste Messer-Gabel nehmen,

es sich stecken in den Mund,

doch mit stolzen Hasen-Zähnen

da bleibt Mümmel-Has gesund.

-

Und auf dem freien Feld man sieht,

wie Hase seine Häsin liebt.

Im Reigen tanzen sie herum,

als Vorspiel ist es gar nicht dumm,

was im Verborgnen dann geschieht,

das weiß man doch,

auch wenn man´s dann

aus Anstand auch nicht grade sieht.

26.3.2024

HASEN-JAGD

Nachts um Drei, was hat geweckt?

Es trappelt laut vor unserm Haus.

Neugier jagt mich aus dem Bett,

sieht wohl ganz bescheuert aus.

Ich lieg hinten an der Wand

vor mir macht mein Mann sich breit,

ist mein Weg dann aus dem Bett

so beschwerlich und auch weit.

-

Aus dem Fenster, diese Schau —

Bergab auf dem Asphalt-Weg,

kaum mein Auge ich da trau:

Großer Hase — Sturz-Gallopp

rast vorbei im Lampen-Licht!

Hinterdrein, hast du´s gesehn —

Nachbars Kater, rotgestreift,

jagt ihm nach mit Schrei-Gesicht!

Denn der Moritz ist der Herr

dieser Siedlung – unbesiegt,

respektiert nur meine Miez,

wenn sie ihren Rappel kriegt.

Doch ein Hase? Frechheit Dies,

Moritz jagt ihm hinterdrein,

Hase seine Haken schlägt,

Moritz holt ihn nicht mehr ein.

27.3.2024

Häschen hüpf

"Häschen hüpf, es ist schon Montag,

neue Woche fängt jetzt an." –

"und was soll mir dieser Montag,

der hat mir nie was getan,

denn ich hab nicht so´n Kalender,

hab nicht mal ne Armbanduhr,

hüpf herum, wenn ich drauf Lust hab,

mir gehört ja Feld und Flur,

lass den Montag gern euch Menschen,

denn nur IHR seid eingespannt,

Zeit habt ihr für EUCH erfunden,

mir hat Zeit nie was getan!"

1.7.2024

SCHÄFCHEN ZÄHLEN

Nacht vorbei, hab gut geschlafen

so inmitten bei den Schafen,

wollte ihnen näher sein

bei dem Zählen - war nicht fein,

denn nach so gefühlter Stunde,

war zu laut mir diese Kunde:

Määh und määh und noch mal määh,

ward mir dieses Zählen ZÄÄÄH.

-

War jetzt aber richtig müde,

suchte eignes Bett mir auf,

hab von Schafen dann geträumt,

dabei weckt mich niemand auf.

Schlief entspannt und inniglich,

Schafe zählten noch für mich.

24.6.2024

ANTENNE FÜR KATZEN

Überall, wohin ich geh,

seh ich Katzen in der Näh,

eingebaut ist die Antenne,

geh ich langsam oder renne,

sitzt sie weit entfernt von mir,

oder ist sie grade hier -

Katzen seh ich überall,

ungewollt - auf jeden Fall.

Bin wohl selbst in früh´rem Leben

eine Katze mal gewesen.

-

Mal ein Streicheln, Blicke wechseln,

schnurrend reden im Duett.

Wir verstehn uns gut wir beide,

finden es so schmeichelnd nett

mal ein Foto für zu Hause,

oder zwei und drei und vier -

langsam gehen wir dann weiter,

jeder hat ja SEIN Revier.

11.5.24

SCHREIBEN

SCHREIBEN

Schreiben ist Kampf und Schreiben ist Liebe,

Schreiben ist Krampf durch verborgene Triebe,

Schreiben ist Schweben in einsamen Höhen,

Schreiben ist Springen, um fester zu stehen,

Schreiben lässt andere Wege beschreiten,

Schreiben erlaubt mir, mal lyrisch zu streiten.

Schreiben ist Lachen, um nicht mehr zu weinen,

Schreiben ist Sehnsucht nach dem Einzigen Einen,

Schreiben ist Reden mit der inneren Seele,

schreibend verstehen, was ich mir verhehle,

Schreiben bringt Zeiten zurück, die vergessen,

zeigt, welches Glück hab ich einmal besessen.

Liebe das Schreiben für mich ganz allein,

geht es euch auch so, dann stimmt mit mir ein.

30.5.2024

LEBENDIGE LYRIK

Ein Jeder, wie er mag und will,

kein Zwang, auch nicht in Form und Stil,

zu wichtig ist es, Stimme geben,

dem Schmerz, der Freud in unserm Leben.

Wenn voll das Herz zum Überschäumen,

Ventil braucht man, um aufzuräumen.

Ob als Essay, ob als Gedicht,

wenn beides aus dem Herzen spricht,

dann ist es richtig angebracht,

wenn man dem Herzen Freiraum schafft.

2020

LAUFENDE WORTE

Mein Hirn, es redet immerzu,

egal, wo ich grad steh und bin,

es redet immer ganz allein,

es ist ganz einfach in mir drin.

Sag auch mal: Stop! Was war das grad?

Doch es ist fort, gleich wie ein Traum,

der sich verflüchtigt mit der Nacht

im allerersten Morgengrau´n.

-

Oft läuft ein Film auch noch dabei,

zu sehn nur in der Seelenwelt,

das Bilder- und das Wort-Archiv

mir sinnreich es zusammenstellt.

Brauch keinen Stick, kein USB,

der Speicher ist unendlich groß,

ein Blick, ein Duft, ein kleines Wort:

dann greift der Speicher ganz famos.

Von Worten frei – Entspannung pur,

sanft rauscht der Sommer-Tannenwald,

verstummt die Worte-Schwebetour,

Wald-Duft mir um die Nase wallt.

Will lauschen nur dem fernen Klang,

genießen nur den lieben Duft.

Hör nur noch leise und ganz zart

dass irgendwo ein Kuckuck ruft.

21.3.2024

LEBENDIGE ERINNERUNGEN

Könnte ich einmal erzählen

was in meinem Kopfe so spricht,

immer nur Schweigen und Denken,

da kennen die Menschen mich nicht.

Hätte doch SO viel zu sagen,

Gedanken für alles bereit,

irgendwann werde ich´s machen

und bin dann zum Schreiben bereit.

-

Wie die Gedanken mir kommen

das schreibe ich auf als Gedicht,

schreiben geht besser als reden,

mit andern gelingt mir das nicht.

Denn so wie Gedanken mir wandern,

da kommt meine Zunge nicht mit,

doch kann ich das alles mal schreiben,

dann wird daraus leicht ein Gedicht.

27.2.2024

AUSGELAUGT

Müde häng ich am Computer,

ausgelaugt mein Denker-Dings,

unterschwellig wabern Reime

unbestimmt von da nach links,

Augen drehen sich nach innen,

Lider haben schwer Gewicht,

möchte doch so gerne dichten,

doch mein Kopf will das jetzt nicht.-

-

Will die Augen wach mir reiben,

reib nur meine Brille matt,

stütz den Ellenbogen auf,

Hand drückt meine Wange glatt.

Arm rutscht von dem Tisch herunter,

werde plötzlich wieder wach,

schau verstohlen um mich rum,

und nun sitz ich hier und LACH.

10.6.2024

IM NACHTDUNKLEN HEIME

Hier lieg ich alleine

im nacht-dunklen Heime

und fühl mich behaglich und gut,

so weich meine Decke

zum wärmenden Zwecke,

da hebt sich die dichtende Flut.

Es bilden sich Worte

im lauschigen Orte,

so treffend sie fließen im Blut.

-

Das Licht bei dem Reimen

muss immer gut scheinen,

denn Dunkelheit nicht so besticht,

im nacht-dunklen Heime

zerfließen die Reime,

man später erinnert sie nicht.

Sitzt man am Computer –

war Reim so ein Guter

doch leistet der Reim jetzt Verzicht.

22.5.2024

NICHT SCHON WIEDER

Habe gestern ein Gedicht

weggedrückt, das wollt ich nicht,

wollte es mir doch kopieren

es mir geben ins Archiv,

EINFÜG habe ich gedrückt,

und von da ging alles schief.

-

Hab gespeichert meine Kladde

und geöffnet das Archiv,

eingefügt, was ich kopiert hab

und mein Aug im Kreise lief.

Stand doch da nicht, was ich dachte,

das war doch nicht mein Gedicht,

stand, was ich VORHER kopiert hab —

DAS geschieht doch grade NICHT ???

-

Schnell zurück zu meiner Kladde,

aber wusste es doch schon,

„Hast mal wieder falsch gedrückt,

hast dafür jetzt deinen Lohn!"

Wieder ein Gedicht versemmelt,

rückwärts geht da jetzt nichts mehr,

Speichern ist dann abgespeichert,

Wortlaut ohne Wiederkehr.

-

Fort war, was ich gut gedichtet,

und trotz aufmerksam gelesen

immer wieder noch einmal,

ist Potz-Blitz der Text gewesen

um die Ecke gleich zur Qual.

Hab probiert und hab getüftelt,

Wörter-Fetzen mir im Kopf,

kann ein Wörterbuch verfassen:

„Flüche für verpeilten Tropf!"

17.4.2024

STARTHILFE

Bin heut müde irgendwie,

Antrieb liegt noch ganz gemütlich

unter meiner weichen Decke,

ganz genüsslich streckt er sich,

ob ich ihn jetzt einmal wecke?

„He, du Faulpelz, es ist morgen,

wirf den Motor einmal an,

Kaffee steht schon auf dem Tisch,

DENKEN ist jetzt wieder dran!"

-

„Ach, ich mag nicht," sagt der Antrieb,

„meine Zellen schlafen noch,

lassen sich von mir nicht wecken,

liegen grad im Sommerloch.

Weich vom Schlafen ist die Birne,

weiß nicht mehr, was ich geträumt,

habe doch so ein Empfinden,

dass ich da was hab versäumt."

-

„Antrieb komm, ich trink schon mal

etwas von dem Dufte-Kaffee,

teil mit dir dann mal die Wirkung,

die lockt dich in JEDEM Fall."

Mich macht schon der Kaffee munter,

schau jetzt hin, was ich gemacht –

stehn drei Verse schon mal drin –

ging ja DOCH – wär doch gelacht!

20.7.2024

FETTNÄPFCHEN

Reime lassen sich nicht zwingen,

willst du sie dann aber doch,

bringst du Kauderwelsch zustande,

und der Sinn fällt dir ins Loch.

Lass es bleiben, mach mal Pause,

Reim kommt, lässt du ihn mal los.

Unverhofft kommt er dann wieder,

setzt sich gleich auf deinen Schoß.

-

Fängt Ideen und Gedanken,

schaut in deinen Kopf hinein,

strickt dann selber damit weiter,

und kreiert den neuen Reim.

Ist nicht immer grade passend,

dieser Witz, den du gemacht,

schaust beschämt dann in die Runde,

wenn du siehst, dass keiner lacht.

WAS sagst du? Das ist nicht recht!

Die Manier ist doch zu schlecht,

weißt du andres nicht zu sagen

schlägt´s uns deftig auf den Magen,

lass den Reime-Teufel drin,

hast du bess´res nicht im Sinn. –

-

Halte schnell den Mund mir dicht,

doch zu spät für das Gericht.

-

Dann nach Zeit und nach Erfahrung

kommt mir langsam Offenbarung:

Reime - sind sie noch so gut

bergen auch mal Unmuts-Flut,

peinlich ist es mir zumal,

treff ich eine falsche Wahl.

Kränken will ich sicher nicht,

war´s auch GUUT - das Schmäh-Gedicht.

29.4.2024

EIN LEERES BLATT

Gähnt dich ein leeres Blatt grad an?

Hast in dem Kopf nur Wortsalat?

Ideen schweben in der Luft,

wenn man zu emsig auf sie starrt.

Dann schwinden sie ganz leise hin,

zerplatzen wie aus Seifenschaum,

und wage Bilder fliehen dir,

verlassen den Gedanken-Raum.

-

Doch Muse lässt dich nicht allein,

sie sitzt grad draußen am Balkon,

genießt ganz still einmal das Licht,

brauchst du sie echt, dann kommt sie schon.

Sie weiß, du kannst es auch allein,

und ohne sie geht es auch gut,

gib deiner Seele Leichtigkeit,

sie braucht nur etwas frischen Mut.

5.7.2024

KLARE WORTE

Schreibe ich für andre Leute,

die es lesen, wie ich weiß,

muss ich doch auch damit rechnen,

dass sie denken: So ein Scheiß!

Finden es total daneben,

Worte laufen ungelenkt,

wie soll man denn das verstehen,

was der Reimer sich hier denkt.

-

Darum klar sei deine Rede,
lass es nicht im Nebel stehn,
kann der Leser da nur raten -
muss dann selbst am Rade drehn.
Dann wird schwer das Weiter-Lesen,
Ratespiel soll es nicht sein,
willst du andere erfreuen
schreibst nicht nur für DICH allein.

22.7.2024

FANTASIE

NÄCHTLICHER GAST

Ein Märchen kam zu mir heut Nacht,

saß plötzlich da auf meinem Bett.

Mit großen Augen schaut´s mich an,

„Ach, liebe Frau, sei mal so nett.

-

Mein Märchen-Onkel ließ mich stehn,

als seine Stunde war vorbei,

er hätt jetzt keine Zeit für mich:

„Nun geh allein, ich lass dich frei.“

-

„Doch Märchen leben nicht allein,

wir leben nur durch Wort und Bild,

von Mensch zu Mensch und vis-a-vis

das Märchen eine Welt erfüllt.

-

Dein ist ein Märchen-Zauberland

mit Märchen aus der ganzen Welt,

lass bitte du mich auch mit rein,

dein Zauberland mir so gefällt."

-

Es flüsterte ganz leise mir

vom finstern Wald, vom Feen-Licht,

von Kräuterfrau und Zauberstab

und Nebel, wenn der Tag anbricht.

-

Von einer Blume Wundersam

die einen Herzens-Wusch erfüllt,

und Brot, das niemals kleiner wird

und ewig dir den Hunger stillt.

-

„Sei mir willkommen, lieber Schatz,

such dir ein Buch aus, das gefällt,

für Märchen hab ich immer Platz

in meiner bunten Märchenwelt.

-

Ich schreib mir auf dann, wo du bist,

dann reisen wir ins Zauberland

und nehmen ein paar Kinder mit

ins Märchen, das noch unbekannt.

18.3.2024

OKTOPUS

Ach, wär ich doch ein Oktopus

mit Armen wie die Spinne,

mit Saugern dicht an dicht besetzt

und auch nicht gar so dünne,

ich könnte greifen noch und noch

und halten alles fest,

was mir zum Fassen wichtig ist

und mir die Freiheit läßt.

-

Denn jeder Arm hätt auch ein Hirn

zu regeln, was er macht,

wüßt selber, was zu machen ist

allein den Haushalt schafft,

füllt Steuer-Formulare aus

und repariert den Herd,

ach, wär ich doch ein Oktopus –

ich glaub - dass es nichts wird.

15.5.2024

REISEN

Ferne Länder, ferne Welten,

reisen mit der Enterprise,

Sicherheit auch zum entfliehen -

Beamen auch noch drin im Preis.

Wird die Umwelt mir zu mulmig:

Scotty, mach, beam mich hier raus!

Will nicht Dino-Speise werden,

bin ja doch kein Frühstücks-Schmaus.

-

Ging auf Reisen – jede Folge

mit Picard und Käpten Kirk,

spannend waren diese Welten,

war begeistert von dem Werk.

Wiederholung – auch noch spannend,

traf die Freunde weit im All,

reiste mit als Passagier,

unbemerkt in jedem Fall.

Traf die seltsamsten Gestalten,

fremde Weisheit hat beglückt,

kriegerische Machenschaften

haben mich doch nie entzückt.

Gutmensch von der eignen Erde

ödeten mich manchmal an,

Alles weiß man auch nicht besser,

Beispiel? - Bringst´s nicht an den Mann!

13.6.2024

DIE ZWEITE SOCKE

Seht nicht her, ich hab mich grade

still und heimlich mal versteckt,

ich vertrag nicht Seifenwasser,

hab zu oft daran geleckt,

dieses Zeug brennt in den Augen,

schäumt im Mund und schmeckt nicht gut,

hab nicht Auge, hab nicht Mund?

Falsch gedacht, ihr Menschen-Brut.

-

Ließ mich fallen in die Ecke,

und jetzt seht ihr mich nicht mehr,

hinterm Wäschekorb ist´s dunkel,

und da hinter kommt man schwer.

Alles wandert in das weiße, große

Ding mit rundem Loch,

ICH verkrümel mich ganz leise - -

Oder seht ihr mich jetzt noch?

Hoppla – hier sitzt ja schon jemand,

kleines graues Kuschelding,

sieht mich an mit Knöpfchen-Augen,

einen Piepser es noch bringt.

„Wer bist DU denn," frag ich leise,

denn man soll mich ja nicht hör´n,

sind versteckt wohl alle beide,

soll doch Niemand uns hier stör´n.

-

Und wir kuscheln uns zusammen,

sind doch beide auch so weich,

kiechern lautlos eine Weise,

über unsern besten Streich.

„Noch ist Nacht und alles dunkel,

komm ich nehm dich mit nach Haus,

du bist dann mein Kuschel-Bett -

und ich bin deine Kuschel-Maus."

19.6.2024

HEXEN-MOND

Auf dem Blocksberg herrscht viel Trubel,

Menschen strömen dort herbei,

wandern Wege hoch zum Gipfel,

weil es so besonders sei.

Denn dort oben tanzten Hexen

frei in der Walpurgis-Nacht,

unter Kreischen, Zetern, Jubeln

haben Zauber sie entfacht.

-

Doch wer glaubt heut noch an Hexen,

Menschen drängen sich dort vor,

niemals hört man noch dort droben

diesen wilden Hexen-Chor.

Höher fliegen heut die Besen,

tragen Hexen bis zum Mond,

wo der alte Hexen-König

auf dem Kessel einsam thront.

Steigt herab von seinem Kessel,

wenn es brodelt ihm zu heiß,

denn da kommen sie geflogen –

alle aus dem Hexen-Kreis.

Gleich voran die Hexen-Damen,

Hexen-Männer hinterher,

Meister sind die weisen Frauen,

Männer tun sich da noch schwer.

-

Auf dem Mond sie können tanzen,

ohne dass sie jemand stört,

können Ritual entfalten,

ohne dass sich wer empört.

Können miteinander tauschen,

was ist Heilung, was ist Gift,

dass sie auch den Mond erreichen

gibt ihr Besen einen Lift.

-

Hinter einer dichten Hecke

sitzt der Mondmann gut versteckt,

doch er kann durch Zweige sehen,

wenn er lang den Hals mal reckt,

staunt gar sehr ob dieses Schauspiels,

dachte doch, er wär allein,

und nun tanzen dort die Hexen

auf dem Mond ihr Ringelrein.

11.4.2024

TRAUM-WELT

Flieg, mein Besen, flieg mit mir,

lass einmal die Welt zurück,

mulmig ist die Atmosphäre,

Friede weicht hier Stück um Stück.

Komm, mein Kater, steig mit auf,

suchen wir ein ruhig Plätzchen,

wo heut noch ist „Heile Welt"

so für mich und für mein Schätzchen.

-

Flieg, mein Besen, mach die Biege,

fort von hier, von Angst und Frust,

Friede sollt´s auf Erden werden,

einmal es doch kommen musst´.

Dort wir werden es verbreiten:

Menschlichkeit und Empathie,

Können Menschen es erreichen?

Doch mir scheint – das ging noch nie.

23.7.2024

HEXEN-NACHT

Juppheidi, wir werden tanzen

mit den Spinnen und den Wanzen,

nackt wie Eva vor dem Biss,

herrlich unser Tanz dann ist.

Hexenzauber versprüht Kräfte,

plötzlich schäumen alle Säfte,

wir sind eins mit der Natur,

Lebendigkeit in Wald und Flur.

Lasst die Unke einmal röhren, -

wenn wir ihre Stimme hören,

ist vorbei der tolle Tanz,

jetzt erst fühlen wir uns ganz.

-

Im April, da wachsen sie:

Hexenbesen, in der Früh,

Nachtfrost, Regen, Wind und Sonne,

sind des Hexenbesen Wonne,

Kraft und Leben speichern sie,

bis zur Ernte in der Früh.

-

Letzter Tag dann im April,

Hexenbesen fliegen will,

sucht sich eine kundge Frau,

hexen kann sie!! Ganz genau, -

lässt sich putzen, lässt sich schmieren,

will dann keine Zeit verlieren,

dunkel wird´s, jetzt aber los!!

Hexen-Nacht, du bist famos.

28.4.2024

HEXEN-SUPPE

Spinnen, Kröten, Schlangenschmalz,

Fliegenpilz und Nordsee-Salz,

Engerlinge, dick und rund,

alles köstlich und gesund,

lasst´s euch schmecken und genießt,

und nichts in den Abfluss gießt.

-

Tief im Wald wohnt Hexe Tille

in dem Garten voll Kamille,

Kinder fünf hat sie jetzt schon,

und das hört man an dem Ton,

der da dringt zur ihr hinaus,

wenn sie abends kommt nach Haus.

Schwarze Katze Leisetrab

schaut aus Dacheshöhn hinab,

denn mit sicherem Gespür

achtet sie auf das Revier.

Wähnt man sie im festen Schlummer,

hört sie selbst den fernsten Brummer,

fährt gleich jede Kralle raus,

nähert Fremdes sich dem Haus.

Liegt die Katze langgestreckt

sich genüßlich einmal reckt,

ist im Umkreis alles gut,

denn die Katz ist auf der Hut:

Katze schlummert? Alles klar:

Keine nahende Gefahr.

-

Hexe Tille winkt der Katze:

„Komm herunter, Leisetrab!"

Für die Suppe Leckres hat sie,

gibt der Katze etwas ab.

Uhu übernimmt die Wache,

Hex und Katze geh´n ins Haus,

setzen sich um Suppenkessel

und verzehrn den Hexen-Schmaus. 17.5.2024

ALTE ZEITEN

AM ANFANG

Der alte Mann saß in den Wolken:

„Ich hab´s gemacht: Das Licht, die Welt,

mit einem Wisch Natur gestaltet,

mit Bergen, Seen, Wald und Feld.

Ich seh, es ist mir gut gelungen

und jedes Teil hat seinen Platz,

so grün, so bunt, mir lacht das Herz. –

Nur ETWAS fehlt in diesem Schatz!

Zu statisch ist mir noch das Ganze,

hier läuft nichts rum und ist zu still,"

er wedelt etwas mit den Händen,

was Neues er gestalten will.

Da hetzt es los, es kriecht und flattert,

„Nun, denn," er sagt, „so ist es recht,

die Tiere bringen ECHTES Leben,

DER Einsatz war doch gar nicht schlecht."

-

Gefüllt mit Flora und mit Fauna,

es brüllt und pfeift und zischt und singt,

der Herrgott in den Wolken hüpft

und freudig einen Tanz noch bringt.

Der Gute Mann kann leicht sich machen,

dass ihn die Wolkendecke trägt,

kann sich vor Übermut nicht halten,

dass Purzelbäume er noch schlägt.

-

Er steigt hinab in SEINE Welt,

erwartet Huldigung und Ehr - -

Doch was hier lebt, das LEBT ja nur,

und schaut nicht einmal zu ihm her.

Frustriert greift er in seine Erde,

und spielt mit einem Klumpen Lehm,

das fühlt sich so behaglich an,

wird wärmer ihm und angenehm.

-

Dann sieht er an, was er gemacht,

er staunt und will es sich erhalten,

und freudig schaut er drauf und LACHT:

„In MEINEM Bild konnt´ ich´s gestalten!

Der kleine Mann sieht aus wie ich,

gespiegelt hab ich mich im Meer,"

dann haucht er ihm noch Leben ein,

„Du kleiner Mann, du passt hierher!"

-

Das kleine Männchen reckt und streckt

mit Inbrunst seine neuen Glieder,

der Herrgott schaut ne Weile zu

und sagt: „Nun setz dich erstmal nieder,

Ich bin dein Herr, ich bin gerecht,

und ohne mich kannst du nicht leben,

allein MEIN Wort ist hier Gesetz,

nur dann werd ich dir ALLES geben.

-

Ich nenn dich Adam, das heißt Mensch,

und Mensch bist du nach meinem Wort,

das Paradies ist meine Welt,

gehorchst du nicht, dann musst du fort,

doch EINES nur, das darfst du nicht,

DIE eine Frucht darfst du nicht essen:

Die Frucht, die dir Erkenntnis gibt,

das wär dem Menschen zu vermessen.

-

Im Paradies der Adam saß,

spazierte auch durch die Natur,

erfreute sich an Wald und Feld,

aß von der Frucht Erlaubtes nur.

Besah die Tiere um sich her,

wie sie so miteinander leben

gemeinsam in Verbundenheit,

genau danach war jetzt sein Streben.

-

„Ich bin allein – nur ICH allein,

ein jedes Tier hat Seinesgleichen,

zum Lieben braucht es doch wohl zwei

und deine Macht sollt´ dafür reichen."

So sprach den lieben Gott er an,

der senkte ihn in tiefen Schlummer,

nahm eine Rippe von ihm ab,

und formte damit eignen Kummer.

-

Denn Eva hörte die Gebote

durch Adam, aus der zweiten Hand,

sie schob beiseite die Bedenken

und nutzte freier den Verstand.

Es lockten die verbotnen Früchte,

die Schlange gab ihr Senf dazu,

sie schauten, wo der Herrgott war –

dann war die Frucht gepflückt im Nu!

-

Ein Biss! So herrlich schmeichelt es die Zunge,

zu Adam rannte sie geschwind,

„Der Herrgott sieht's doch grade nicht,

so wunderbar DIE Früchte sind.

Komm, beiß doch rein, hab einmal Mut,

zu schade wär's, sie nicht zu essen.

Nur für den HERRN die Früchte sind?

Ich denke doch, DAS wär vermessen."

-

Und Adam ließ sich überreden,

denn Evas Reden überzeugt,

hat Argumente nicht dagegen

er auch der eignen Lust sich beugt.

„Die Frucht ist nun mal angebissen,

verschwinden lassen wir sie ganz,

woher soll ER es dann wohl wissen,

erspar'n wir uns mal seinen Tanz."

-

Erkenntnis öffnet ihre Augen, -

der Unterschied von Frau und Mann,

(sie haben Tiere doch gesehen,

was Seltsames ist wohl daran?)

Grad diese Spiele wollt doch Adam,

NUR reden - wollte er wohl NICHT,

da kam der Herrgott um die Ecke,

und donnernd er sein Machtwort spricht:

-

„ Nur EINE Frucht war euch verboten,

DEN Frevel kann ich nicht vergeben,

jetzt sitzt ihr da mit Feigenblatt,

die Sünde wird das NICHT beheben.

Wer so missachtet Gottes Wort,

der hat hier drinnen nichts zu suchen,

ihr müsst aus meinem Garten fort,

auf Dauer werd ich euch verfluchen.

-

Im Schweiße eures Angesichts

ein karges Leben wird's auf Erden

von Eva wird die Liebes-Frucht

mit großem Schmerz geboren werden.

Wollt ihr zurück ins Paradies –

Ich stelle auf den großen Wächter,

den Gabriel mit Flammenschwert,

mein Engel ist er, so ein Echter.

30.6.2024

HOCH DROBEN AUF DEM PETERSBERG

Die alte Kirche auf dem Berg
neunhundert Jahre steht sie da,
aus Feldstein ward sie einst erbaut,
DER Glaube war noch KEINEM nah.
Vom Süden kamen diese Leute
mit neuem Glauben im Gepäck,
die alte Fluchtburg auf dem Berge,
sie war im Weg und mußte weg.

-

Von weither sollte man es sehn,
das Gotteshaus auf Bergeshöhn,
drum Leute kommt, helft mit und baut,
auf Gottes Wort nur noch vertraut.
Wir sagen euch, für Glück im Leben,
nicht Wert ist es, nach DEM zu streben,
doch Demut, Armut, größte Not
bringt Lohn und Dank euch NACH dem Tod.

-

Doch vorher müßt ihr fleißig schaffen,
zu Lob und Ehre für den Herrn,
was selbst ihr denkt, ist so vermessen,
ihr sollt nur auf den Priester hör´n.
Nur er allein zeigt euch den Weg
zur ewigen Glückseligkeit,
hat euch erst GOTTES WORT erreicht,
es führt euch einst ins Himmelreich.
27.4.2024

DER GRENDEL

Im Sumpf bei lauter Matsch und Dreck

da lebt der Grendel: Leute-Schreck,

doch kennt man ihn nur aus der Sage,

da spar ich mir doch Angst und Klage,

der Beowulf hat ihn gerichtet,

den Garaus macht´ er ihm mit Müh,

und weilte ich im Wald am Moor,

den Grendel, nein, den sah ich nie.

-

Oh, Grendel, kommst du zu mir rein,

ich sag dir´s: lass es lieber sein,

greifst du mich an, mach dich bereit,

sucht jemand mit mir einen Streit,

dann werd ich gleich zum Teufelsweib,

mein rotes Haar kann dir´s berichten,

bin nicht nur stark beim eifrig dichten -

zieh dich zurück - solang es geht,

das Wiking-Vollweib vor dir steht!!!!

HAR-HAR-HAR

9.6.2024

ALLERLEI

RESTE-ESSEN

Oft bleibt noch ein wenig übrig

von dem Sonntags-Festtags-Schmaus.

Von dem Einen noch ein Batzen

von dem Andern für die Laus.

Fleisch und Soße und Gemüse

reicht nicht mehr für alle Leut,

muss man draus was Neues machen

von dem Gestern – für das Heut.

-

Braten wird zu kleinen Stücken,

Reis wird fertig fast gekocht,

eine Zwiebel gut zerstückelt

wird geschmort auch gern gemocht.

-

Bunt-Gemüse, Fleisch und Zwiebel

kocht dann fertig mit dem Reis,

passend abgeschmeckt mit Soße,

durchgemischt und dann verspeist.

-

Waren gut Kartoffel übrig,

keine Soße mehr dabei,

kommt das alles in die Pfanne,

kleingeschnitten, soßenfrei.

Angebraten Speck und Zwiebel,

kommen Reste dann hinzu,

braun und knusprig wird das Ganze,

unser Pfannenmix im Nu.

10.4.2024

LIEBE GEWOHNHEITEN

Haferflocken früh am Morgen

ist seit langer Zeit ein Muss,

Haferflocken: Jede Menge,

und noch Mandel oder Nuss,

Früchte in ganz kleinen Stücken,

Zucker kommt da nicht mit rein,

Zimt, um alles abzurunden,

Milch dazu – dann ist es fein.

-

Ausgezogen von zu Hause,

Schule hier und Schule da,

Haferflocken gab´s am Morgen,

mal gekocht, mal so wie´s war.

Stunden konnt´ man überbrücken,

Hunger hatte erstmal Zeit,

und es schmeckt mir immer wieder,

Frühstücks-Müsli mich erfreut.

22.7.2024

GENUSS

Sahne-Torte, Marzipan,

Schokoflöckchen zart und fein,

lecker Biskuit-Schicht dazwischen,

das wird MEINE Torte sein.

Wenn schon schlemmen,

dann auch richtig,

selten nur, wie´s angezeigt,

nur zwei kleine Stücke nehm ich,

denn nur EINES mir nicht reicht.

-

Mal ein Häppchen auf die Gabel,

wandert´s rum in meinem Schnabel,

genieße es voll mit Genuss,

für den Mund ein Innen-Kuss.

14.6.2024

EIN HUM

Gestern stand ich in der Küche

und ich buk mir einen Hum,

lecker war mir dieses Ding auch,

dachte mir: Nun sei es drum,

weiß zwar nicht was so ein Hum ist,

schmeckte mir doch trotzdem gut,

zart und süffig war das ganze,

und zerging mir in der Schnut.

-

Sag, was gab es bei dir gestern,

hat man heute mich gefragt,

war nur sowas: Frei nach Schnauze, -

ist doch nicht so schnell gesagt.

Doch, was soll ich viel erklären,

einen Namen hätt ich schon,

HUM, das fiel mir grade ein,

red nicht lange drum herum!!

Will ich ein Rezeptbuch schreiben,

Titel steht dann auch schon fest,

„HUM-GERICHTE" wird es heißen,

was sich damit machen lässt.

Einmal herzhaft, einmal süss,

alles lässt sich damit machen,

lässt so gut sich meistens schmecken,

manchmal ist es doch zum LACHEN.

17.6.2024

KAFFEESATZ UND ZUKUNFTS-TRÄUME

Der Kaffeesatz ist eine Matsche,

dem Leben auch nicht gar zu fremd,

will mancher einmal daraus lesen,

soll er es machen - ungehemmt.

Ich trinke lieber doch die Brühe,

nicht gar zu schwach, mit Milch dazu,

genieße sie, ganz ohne Mühe,

dann bin ich morgenwach im Nu.

-

Teeblätter und auch Kaffeesatz,

Hühner-Knochen, die so fallen,

Sterne und auch Wolken wandern,

wer da will, liest mal aus Allem.

Will die Zukunft für sich binden,

legt Verantwortung mal ab,

andre Mächte hier doch walten:

„Ich es längst gesehen hab."

Zukunft lässt sich nur verwalten,

wenn du feste Pläne hast,

Vieles kannst du selbst gestalten,

wie es in dein Leben Passt.

Weis-gesagt - bringt nur Verwirrung,

stellst du dich auch noch drauf ein.

Spielerisch mal nachzuschauen -

sollte Spiel für dich nur sein.

10.7.2024

KEIN HANDY

Hab ein Laptop, hab Computer,

doch ein Handy will ich nicht,

wäre dann vielleicht auch online,

wenn wer draußen mit mir spricht.

-

Hätte keine Zeit für Hunde,

die mir laufen vor den Füßen,

keine Zeit auch für die Herrchen,

die so freudig mich begrüßen.

-

Hab die Kamera für Fotos,

wenn Natur dort zu mir spricht,

schau mir alles näher an,

eh sie speichert den Bericht.

-

Kamera ist nicht verbunden

mit der ganzen weiten Welt,

niemand liked und kommentiert,

was mich hier im Atem hält.

-

Kann genießen unbehelligt,

was man meint und schreibt dazu.

Kann das alles frei empfangen

und verarbeiten in Ruh.

-

Bin auch unterwegs zu Hause,

hab für MICH allein mal Zeit,

wollt ihr dann mich mal erreichen?

Müßt dann warten, liebe Leut!

12.4.2024

SCHWARZER kAFFEE

Schwarzer Kaffee schenkt der Schönheit

für sein Strahlen Kompliment

Kaffee zuckerfrei macht schlanker

und dass jedes Pfündchen rennt

Kaffee ohne Kaffee tut dem Blutdruck

richtig gut,

doch rührst du in deiner Tasse,

fasst du dich mal an den Hut.

(frei nach Piet Hein)

23.6.2024

UNGEBETEN

Du willst mein Freund sein hier im Netz,

und meldest dich ganz ungefragt,

willst ja nicht stören, schreibst du mir,

und machst auf schüchtern und verzagt.

Hast hier im Netz mein Bild gesehn

und bist davon so angetan,

fragst, ob es mit uns könnte gehn,

„Ach, biete mir die Freundschaft an.“

-

Ich hab dein blablabla gesehn,

dies blablabla, das ist nicht neu,

muss dir dann leider auch gestehn,

kein wahres Wort, nur alles Streu.

Sind deine Bilder noch so nett,

die Worte wohlgesetzt und gut,

ist Schmus vom Feinsten mit Bedacht, -

und längst doch schon ein alter Hut.

4.7.2024

FOTO-WANDLUNG

Fotos gehn jetzt digital,

analog war gut zum Lernen,

mit der ersten BOX drauflos,

musste vieles dann entfernen.

Feininger verfasste Bücher,

lernen konnte man da gut,

Grundbegriffe kennen-lernen,

war auch da kein alter Hut.

-

Bilder kamen da nur spärlich,

ganze zwölf mit sehr viel Glück,

denn zum einfach Fotos machen

fehlte oft noch das Geschick.

Von der ersten Foto-Rolle

blieb nur EINS, es anzuschaun,

sehen konnt´ man, was da drauf war,

zu Erkennen war es kaum.

Kamen endlich dann die Bilder,

waren sie nicht, wie gedacht,

denn zum Lernen braucht es Fehler,

DOCH – WAS hat man falsch gemacht.

Heute ist es so viel anders,

Digital – sieht man es gleich,

ist Beleuchtung so auch richtig

ob die Schärfe so auch reicht.

-

Auf dem Display angeschaut,

nicht so gut? – Dann fort damit!

Vieles geht da einzustellen,

nähert sich von Schritt zu Schritt.

Dreht en Rädchen hier und da,

nimmt nur mit, was gut gefällt,

und daheim an dem Computer

wird noch manches nachgestellt.

-

Siebzig Jahre Foto-Praxis,

lange Pausen hier und da,

so geliebt, doch auch so teuer

wurden Fotos oft auch rar.

Machte BOX auch gute Bilder,

rührte man sich nicht vom Fleck,

brauchte Fotos auch mit Kindern,

und für manchen andern Zweck.

18.4.2024

VORSICHT

Bin ein Kaktus, klein und fein,

kann doch wie die Biene sein,

faßt du unbedacht mich an,

stech ich selbst den stärksten Mann,

doch berührst du mich ganz zart,

dann komm ich nicht gleich in Fahrt.

Innenleben ist so fein,

sollst behutsam mit mir sein.

8.5.2024

GLÜCKS-KEKS

Auf deinem Platz

ein Glückskeks liegt,

was mag da drin

wohl heute stehn?

Du nimmst ihn auf,

er duftet gut –

willst du den Spruch

auch wirklich sehn?

-

Vielleicht gefällt

dir grade nicht,

was dieser Spruch

dir heute sagt.

Denn was du wirklich

für dich willst?

Danach hat niemand

doch gefragt.

-

So lass sie ganz,

die Glückskeks-Hülle

und denk das Glück

für dich hinein,

beachte aufmerksam

dein Leben,

das Glück wird so

auch bei dir sein.

3.5.2024

FUSSBALL

Zweiundzwanzig junge Leute

rennen hinter EINEM Ball,

können sich wohl nicht mehr leisten,

ich weiß sonst nicht, was das soll.

Ist wohl teuer, so ein Fussball,

und so viele wollen spiel´n,

schießen ihn so hin und her,

wollen auf Bestimmtes ziel´n.

-

Rechts und Links, da steht ein Käfig,

drinnen ruht sich einer aus,

könnt`s den andern auch gefallen,

schießen diesen Ball voraus.

Wach wird jetzt der Mann im Käfig,

will den Ball doch auch einmal,

und er greift ihn sich mit Schmackes,

steht dann wie im Überfall.

Hinten pfeift ein Mann mit Triller,

was den Käfig-Mann befreit,

Überfall ist gleich beendet,

und der Käfig-Mann hat Zeit.

Zärtlich faßt er dieses Leder,

legt zurecht es vor den Fuß,

schaut sich um und nimmt kurz Anlauf,

strahlend macht er – SEINEN SCHUSS.

-

Seltsam, was ich da gesehen,

viele wollen Zeugen sein,

schreien sich die Kehlen heiser,

aber keiner läuft mit rein.

Doch den Ball, den haben alle

voll Verlangen stets im Blick,

sicher wollen sie noch sehen:

Wer nimmt mit: Das gute Stück.

18.6.2024

WITZ NOCH MAL !!

Witze kann ich nicht erzählen,

kenn ich sie auch noch so gut,

ich vermassel die Pointe,

denn mich packt die Rede-Flut.

Immer laufen die Gedanken

an der Seite nebenher,

an den Witz mich nur zu halten?

Ich gesteh´s - das fällt mir schwer.

-

Denn da laufen diese Bilder,

die mich führn auf´s Nebengleis,

Eines denken - Andres reden,

geht nicht gut, soviel ich weiß!

Darum lass ich´s lieber bleiben,

hör mir lieber Witze an,

lasse sie mir gern erzählen,

bring sie selbst nicht an den Mann.

29.5.2024

INHALT

ERINNERUNGEN

BESINNUNG

NATUR

FANTASIE

ALTE ZEITEN

ALLERLEI